多賀町埋蔵文化財発掘調査報告書　第21集

大 谷 遺 跡

多 賀 町 教 育 委 員 会

序

　多賀町は、滋賀県の湖東平野北部に位置する彦根市の東に隣接します。町の面積の8割は山間部で鈴鹿山脈の北部にあたります。平野部を中心にして古代からの遺跡が多く、中世以降は、多賀大社や敏満寺など日本史上でも重要な役割を担った社寺が存在する地域です。

　今回の大谷遺跡の調査は、道路工事建設中に偶然発見された遺跡で、工事期間の関係等で、十分な調査ができなかったことは惜しまれますが、多くの成果を得ることができたと思います。これは、関係者や関係機関のご協力によるものであり、貴重な遺跡を記録保存というものではありますが、報告することができました。

　本報告が、地域の歴史解明の一助となり、活用されますことを期待します。

　最後になりましたが、発掘調査及び本書作成にあたりご尽力いただきました関係者と関係機関の方々に深く感謝の意を表し、お礼申し上げます。

　　　　　　　　　　　　　　　　　　　　　　　　　　　　　　多賀町教育委員会
　　　　　　　　　　　　　　　　　　　　　　　　　　　　　　教育長　円城寺　守

例　言

1. 本書は、滋賀県犬上郡多賀町大字富之尾字大谷地先に所在する大谷遺跡の発掘調査報告書である。
2. 本事業は、町道小森池線道路工事に伴う事前調査で、多賀町教育委員会が調査主体として実施したものである。
3. 発掘調査は、平成25年5月27日～6月14日まで現地調査を実施し、平成26年3月31日まで整理作業を実施した。
4. 調査の実施にあたっては、滋賀県教育委員会事務局文化財保護課の指導を受けた。
5. 出土遺物の写真撮影は、寿福滋氏(寿福写房)に委託した。
6. 出土遺物について、公益財団法人滋賀県文化財保護協会の中川正人氏・中村健二氏、草津市教育委員会の岡田雅人氏に御指導いただいた。
7. 本書の編集は、多賀町教育委員会生涯学習課の音田直記が行った。
8. 出土した遺物の鉄製品等の保存処理と整理作業は、公益財団法人元興寺文化財研究所に委託した。
9. 出土鉄製品の保存処理・分析を踏まえた成果については、公益財団法人元興寺文化財研究所の塚本敏夫氏・初村武寛氏に執筆いただき、他に執筆等いただいた方については、本文中で紹介等いただいた。出土土器を含めた遺構の評価については滋賀県教育委員会文化財保護課の畑中英二氏より考察をいただき、遺跡全体の評価について公益財団法人元興寺文化財研究所の狭川真一氏に執筆いただいた。
10. 本書に係る遺物、図面、写真等は多賀町立文化財センターで保管している。

凡　例

1. 本書で使用した北方位は国土座標第Ⅵ系の座標北を示し、座標系は世界測地系によるものである。
2. 本書で使用した高さは、東京湾の平均海面を基準とした数値（T．P）を表記している。
3. 挿図の縮尺は不同であり、各図版スケールを明示している。
4. 本文中、検出した遺構には「S」に番号をつけて表示した。例　S1、S2……。また出土遺物のうち土器には数字番号に○を囲んで表示した。例　①、②……。

目　次

序
例言
凡例

第1章　経過
　第1節　調査の経過 …………………………………………………………………… 1
　第2節　発掘作業の経過 ……………………………………………………………… 1
　第3節　整理作業の経過 ……………………………………………………………… 5

第2章　遺跡の位置と環境
　第1節　地理的環境 …………………………………………………………………… 6
　第2節　歴史的環境 …………………………………………………………………… 6

第3章　調査の方法と成果
　第1節　調査の方法 …………………………………………………………………… 9
　第2節　層序 …………………………………………………………………………… 9
　第3節　遺構と遺物 …………………………………………………………………… 11

第4章　出土鉄製品について
　第1節　遺物報告 ……………………………………………………………………… 24
　第2節　分析報告 ……………………………………………………………………… 37
　　はじめに ……………………………………………………………………………… 37
　　1．木炭と釘付棺材の放射性炭素年代測定 ………………………………………… 37
　　2．釘付棺材の樹種同定 ……………………………………………………………… 43
　　3．成分分析（蛍光Ｘ線分析法（XRF）） …………………………………………… 46
　　4．鉛同位体比測定 …………………………………………………………………… 48
　第3節　まとめ ………………………………………………………………………… 54
　　1．鉄板の寸法と分析結果 …………………………………………………………… 54
　　2．鉄板の出土状況 …………………………………………………………………… 54
　　3．鉄板の固定方法 …………………………………………………………………… 54
　　4．棺・櫃構造の推定 ………………………………………………………………… 55
　　5．鉄板出土墓の年代 ………………………………………………………………… 55

第5章　まとめにかえて
　第1節　多賀町富之尾遺跡における墳墓群によせて ……………………………… 57
　　1．はじめに …………………………………………………………………………… 57
　　2．希少な事例としての大谷遺跡の墳墓群 ………………………………………… 57
　　3．滋賀県における奈良～平安時代にかけての墓の事例 ………………………… 58
　　4．滋賀県における奈良～平安時代にかけての墓の様相 ………………………… 60
　　5．むすびにかえて―大谷遺跡の評価と課題― …………………………………… 60

第2節　大谷遺跡の考古学的評価……………………………………………………… 64
　　　1．遺構について………………………………………………………………………… 64
　　　2．遺物について………………………………………………………………………… 64
　　　3．遺跡について―平安時代の墳墓群としての大谷遺跡―………………………… 65
　参考資料「多賀町内（大谷遺跡）分布調査業務完了報告書」……………………………… 68

挿図目次

第1図	大谷遺跡位置図	2
第2図	工事概要図と調査地点図	3
第3図	大谷遺跡と周辺遺跡図	7
第4図	調査地区断面図	9
第5図	遺構検出状況全体図	18
第6図	遺構検出状況図1　S1・S6	19
第7図	遺構検出状況図2　S11・S39・S43	19
第8図	鉄板出土及び炭化物検出遺構図	20
第9図	出土遺物実測図1	21
第10図	出土遺物実測図2	22
第11図	出土遺物実測図3	23
第12図	鉄釘の名称	24
第13図	S1出土品実測図1	24
第14図	S1出土品実測図2	25
第15図	S1出土品実測図3	26
第16図	S2出土品実測図	27
第17図	S3出土品実測図	28
第18図	S6出土品実測図1	29
第19図	S6出土品実測図2	29
第20図	S8出土品実測図	31
第21図	S9出土品実測図	32
第22図	S17出土品実測図	32
第23図	S39出土品実測図1	33
第24図	S39出土品実測図2	34
第25図	S39出土品実測図3	35
第26図	S43出土品実測図1	35
第27図	S43出土品実測図2	35
第28図	表採鏡片実測図	36
第29図	OxCal4.1プログラムによる試料S1-1の^{14}C年代（1189±27BP）の暦年較正の結果	40
第30図	16個の木炭試料について測定された^{14}C年代測定を歴年較正した結果のまとめ	40
第31図	八稜鏡分析箇所aのXRFスペクトル	46
第32図	八稜鏡分析箇所bのXRFスペクトル	46
第33図	八稜鏡分析箇所cのXRFスペクトル	47
第34図	八稜鏡分析箇所dのXRFスペクトル	47
第35図	八稜鏡分析箇所eのXRFスペクトル	47
第36図	八稜鏡の蛍光X線スペクトル	51
第37図	大谷遺跡出土八稜鏡の鉛同位体比（A式図）	52
第38図	大谷遺跡出土八稜鏡の鉛同位体比（B式図）	52
第39図	大谷遺跡出土八稜鏡と平安時代の鉛同位体比（A式図）	53
第40図	大谷遺跡出土八稜鏡と平安時代の鉛同位体比（B式図）	53
第41図	多賀町富之尾の墳墓群と甲良町小川原の墳墓群	59
第42図	柳川上流域の墳墓	60
第43図	東近江市法堂寺の墳墓	62
第44図	大谷遺跡遺構配置図（1／200）	66
第45図	宮ノ本遺跡の遺構と遺物	66
第46図	調査対象地地区割り及び所見図	71

表目次

第1表	町内遺跡一覧表	8
第2表	遺物の分析項目	37
第3表	滋賀県多賀町大谷遺跡出土木炭試料及び棺材木片試料の^{14}C年代と較正年代	39
第4表	八稜鏡の鉛同位体比値	51

写真目次

写真 1	遺跡発見時状況 1	1
写真 2	遺跡発見時状況 2	1
写真 3	遺跡発見時状況 3	1
写真 4	調査前全体状況 1	5
写真 5	調査前全体状況 2	5
写真 6	遺構状況確認と表採状況	5
写真 7	調査前全景	5
写真 8	断面図作成部全体	9
写真 9	断面図作成部S1付近	9
写真10	遺構面検出状況 1	10
写真11	遺構面検出状況 2	10
写真12	遺構面検出状況 3	10
写真13	遺構面検出状況 4	10
写真14	遺構検出作業状況 1	10
写真15	遺構検出作業状況 2	10
写真16	S1検出前状況	10
写真17	S1検出作業経過状況 1	10
写真18	S1検出作業状況 2	12
写真19	S1鉄板出土状況 1	12
写真20	S1鉄板出土 2	12
写真21	S1検出状況 1	12
写真22	S1検出状況 2	12
写真23	S1検出状況 3	12
写真24	S1検出状況 4	12
写真25	S1とS18検出状況	12
写真26	S6検出状況	14
写真27	S6鉄板出土状況	14
写真28	S7検出状況	14
写真29	S8検出状況	14
写真30	S9検出状況	14
写真31	S11検出状況	14
写真32	S11土器出土状況	14
写真33	S15検出状況	14
写真34	S17検出状況	16
写真35	S18検出状況	16
写真36	S20検出状況	16
写真37	S21・22検出状況	16
写真38	S39検出状況	16
写真39	S39鉄板検出状況	16
写真40	S43検出状況	16
写真41	S50検出状況	16
写真42	調査地区全景（西から）	18
写真43	調査地区全景（東から）	18
写真44	木炭（左：S43-1、右：S43-4）	38
写真45	釘付棺材（左：S1-13、右：S3-6）	38
写真46	釘付棺材（左上：S1-13、右上：S3-6、左下S17-3、右下：S39-3）	43
写真47	釘付棺材S1-13の木材組織（左：木口面、中：柾目面、左：板目面）	44
写真48	釘付棺材S3-6の木材組織（左：木口面、中：柾目面、左：板目面）	44
写真49	釘付棺材S17-3の木材組織（左：木口面、中：柾目面、左：板目面）	45
写真50	釘付棺材S39-3の木材組織（左：木口面、中：柾目面、左：板目面）	45
写真51	大谷遺跡出土八稜鏡の分析箇所	46
写真52	大谷遺跡周辺の現状	70
写真53	2区①地点遺物採取風景	70
写真54	17区炭化物散布状況	70
写真55	17区⑦地点採取須恵器甕	70

図版目次

図版 1 - 1	調査地区と周辺（空撮　東より）	72
図版 1 - 2	調査地区と周辺（空撮　西より）	72
図版 2 - 1	調査地区全景（空撮　東側）	73
図版 2 - 2	調査地区全景（空撮　西側）	73
図版 3	出土遺物（土器）1	74
図版 4	出土遺物（土器）2	75
図版 5	出土遺物（土器）3	76
図版 6	出土遺物（土器）4	77

図版7-1	S1出土鉄板　写真・X線ラジオグラフ	78
図版7-2	S1出土鉄釘　写真・X線ラジオグラフ	78
図版8-1	S2出土鉄釘　写真・X線ラジオグラフ	79
図版8-2	S3出土鉄釘　写真・X線ラジオグラフ	79
図版9-1	S6出土鉄板　写真・X線ラジオグラフ	80
図版9-2	S6出土鉄釘　写真・X線ラジオグラフ	80
図版10-1	S8出土鉄釘　写真・X線ラジオグラフ	81
図版10-2	S9出土鉄釘　写真・X線ラジオグラフ	81
図版10-3	S17出土鉄釘　写真・X線ラジオグラフ	81
図版11-1	S39出土鉄板　写真・X線ラジオグラフ	82
図版11-2	S39出土鉄釘　写真・X線ラジオグラフ	82
図版12-1	S43出土鉄板　写真・X線ラジオグラフ	83
図版12-2	S43出土鉄釘　写真・X線ラジオグラフ	83
図版13-1	出土位置不明倭鏡	84
図版13-2	出土位置不明倭鏡　X線ラジオグラフ	84

第1章 経過

第1節 調査の経過

　平成25年5月26日午前、町道小森池線道路工事現場にて、木炭を伴う墓地跡らしき遺構が発見されたとの報告が多賀町立博物館へ連絡があった。

　同日、午後に多賀町教育委員が現地を確認したところ、工事中の現場で木炭を伴う遺構の断面が山斜面に露出し、遺物も採取し、遺跡の存在を確認した。工事により、対象となる地域の山斜面はほとんど削平され、僅かに残る程度であったが、周辺にも遺構の存在が予想されたため、工事関係機関へ連絡調整し、翌日の5月27日より発掘調査を実施することとなった。今回の調査地での遺構の発見は、周知の遺跡ではなく、工事中の不時発見対応ということで、遺跡発見届等の発掘調査に必要な事務手続きを並行して実施し、工事工程等との調整で、2週間の調査期間を設定し実施することになった。

　山斜面の断面に露出する木炭を伴う土坑を中心に、斜面で遺構を確認できる面積を調査区域として設定して、遺構検出を最優先に進め、全体の把握に努めた。また、工事地区内の周辺の状況調査を実施した。

　発掘調査は記録保存として、調査終了後、現地を引き渡し、調査終了後の工事中も立会し遺構の状況を確認したが下層及び周辺では確認できなかった。

　5月26日
　　多賀町会議員の田畑喜久弘氏他が町道小森池線の工事現場で重機により掘削された部分に木炭が露出していることを発見し、多賀町教育委員会へ連絡があった。当日、町教育委員会文化財担当者が現場で確認。工事中止を関係部署に依頼。

　5月27日
　　当教育委員会と工事担当課と工事業者で遺跡発見状況と今後の対応について協議。滋賀県教育委員会文化財保護課記念物担当者へ連絡。28日より発掘調査実施を協議。発掘期間と予算について工事担当課と協議決定。午後から重機による遺構面検出作業。

第2節　発掘調査の経過

　発掘調査は多賀町教育委員会が主体となり、生涯学習課多賀町立文化財センターが担当した。
　調査は、道路工事主体者の多賀町地域整備課と調整し、工事工程や工期と安全対策等に配慮し、実施した。
　調査期間は10日程度、調査対象面積は約400㎡として調査地区を設定した。

　5月28日
　　発掘調査開始。重機による表土等除去作業。人力により工事で削平された炭部分の検出及び取り上げ作業。

写真1　遺跡発見時状況1

写真2 遺跡発見時状況2

写真3 遺跡発見時状況3

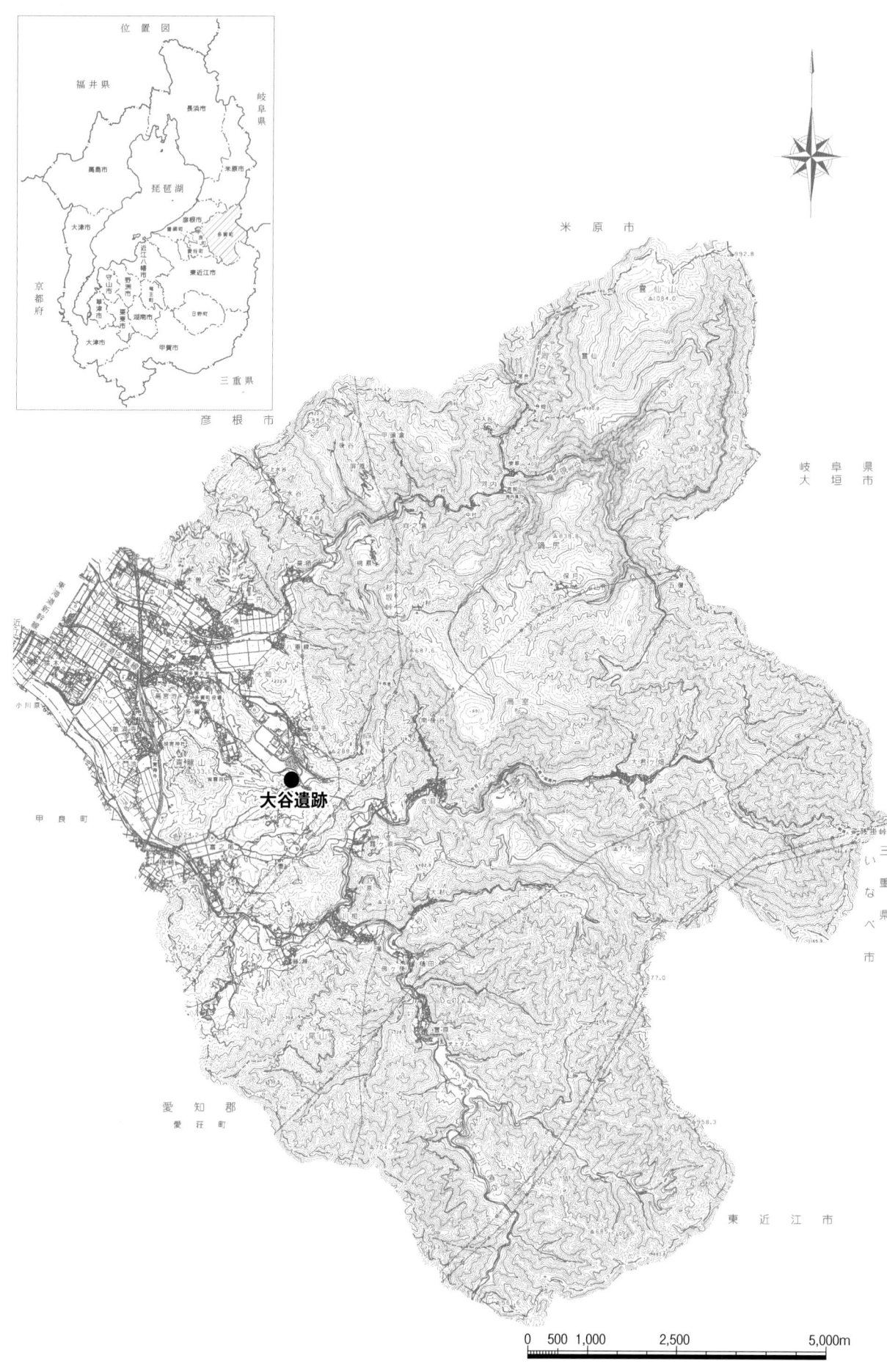

第1図　大谷遺跡位置図

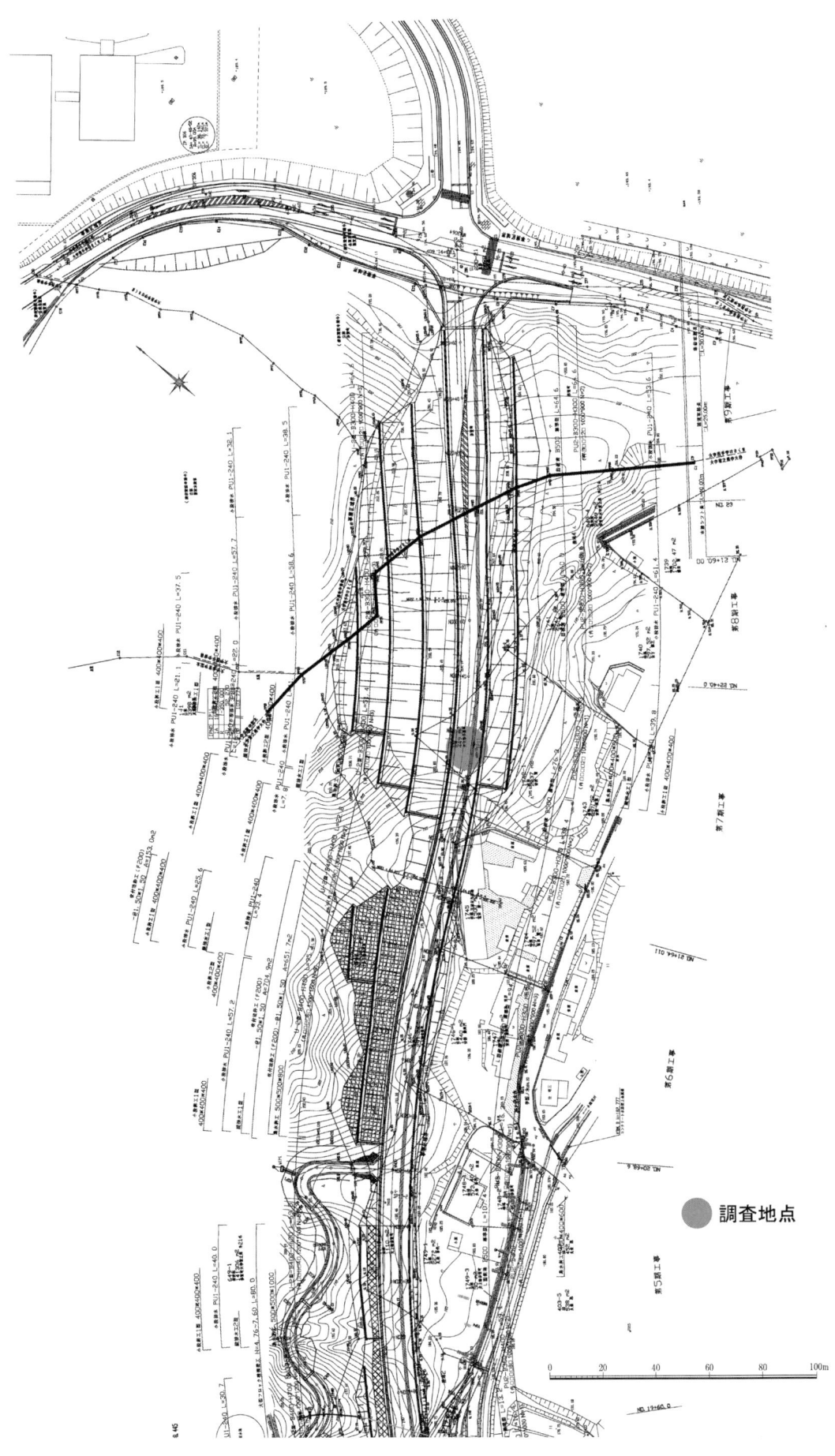

第2図 工事概要図と調査地点図

5月29日
　　降雨のため中止。
5月30日
　　人力による遺構面の検出と遺構検出作業。
5月31日
　　重機による遺構面検出。人力による遺構検出作業。
6月1日・2日
　　休み
6月3日
　　重機による遺構面検出。人力による遺構検出作業。
6月4日
　　重機による遺構面検出。人力による遺構検出作業。
6月5日
　　重機による遺構面検出。人力による遺構検出作業。
6月6日
　　重機による遺構面検出。人力による遺構検出作業。鉄板1枚目取り上げ
　　午後に滋賀県文化財保護協会調査整理課でX線写真撮影。
6月7日
　　人力による遺構検出作業。
　　空撮。東側半分。
6月8日
　　出土遺物の整理作業。
6月9日
　　休み
6月10日
　　調査地区空撮終了部の下層遺構確認のための掘削。人力による遺構検出。
6月11日
　　人力による遺構検出。2枚目の鉄板出土。
6月12日
　　人力による遺構検出。3枚目と4枚目の鉄板出土。
6月13日
　　清掃作業。
6月14日
　　空撮。

　　重機による下層遺構面の確認。現場近くの工事中掘削土（表土）より八稜鏡が採集された。
　　（6月19日彦根警察署へ届出後、多賀町教育委員会へ移管）現場終了。

第3節　整理作業の経過

　整理作業も、多賀町教育委員会が主体となり、生涯学習課多賀町立文化財センターが担当した。出土した遺物のうち鉄製品等の保存処置や分析等については、公益財団法人 元興寺文化財研究所に委託した。出土土器については、滋賀県教育委員会事務局文化財保護課　畑中氏に見解をいただき、報告することとした。

　また、周辺地域の分布調査を公益財団法人元興寺文化財研究所に委託した。参考資料として巻末に報告する。

　委託業務を含む整理作業は、現場実施期間中から平成26年3月31日まで実施した。

写真4　調査前全体状況1

写真5　調査前全体状況2

写真6　遺構状況確認と表採状況

写真7　調査前全景

第2章　遺跡の位置と環境

第1節　地理的環境

　多賀町は、琵琶湖の湖東平野北部の彦根の東に位置する。平野部は町の面積の2割程度で、8割は鈴鹿山脈と平野部の境にある丘陵部占める森林地帯が占める。山間部は、東に広がる鈴鹿山脈から3つの谷で形成されており、北から芹川、犬上川北谷、犬上川南谷で、平野部で集合する。大谷遺跡は、芹川と犬上川の中間に位置する丘陵の南斜面、犬上川北谷にある。東の彦根市の平野部は、旧中山道・国道8号線・東海道本線・朝鮮人街道など古代から現代まで主要幹線道があり、本遺跡は、中山道高宮宿から東へ鈴鹿山脈を越えて、三重県へ通じるルートにあたる犬上川北谷の途中の丘陵に位置し、梨の木峠と呼ばれる地点に接する。平野から峠に至る丘陵南斜面に位置する。

第2節　歴史的環境

　多賀町の平野部は、多賀大社と敏満寺を中心に、多くの遺跡が存在しており、縄文時代中期以降の遺跡が確認されている。大谷遺跡の周辺には、重要な遺跡があり、大谷遺跡の性格にも大きく影響している。芹川と犬上川の平野部流域の間には縄文時代後期から近世の木曽遺跡、中世から近世の久徳遺跡と久徳城遺跡、近世の川原遺跡、縄文後期から近世の土田遺跡、古墳時代から近世の敏満寺西遺跡など複合遺跡が平野部を占める。犬上川と芹川の間に多賀大社、丘陵部には、史跡敏満寺石仏谷墓跡を含む敏満寺遺跡が存在する。犬上川最上流域に広がる楢崎古墳群、大字富之尾の集落と周辺の平野部の遺跡、奈良時代の窯跡、丘陵に立地する梨ノ木西遺跡など古代の墓地群が想定されている遺跡が立地する。この丘陵は農地の開墾により発見された蔵骨器を伴う土壙墓群で、木炭郭の墳墓の報告もある。伝承地も含め、丘陵上に連綿と広がる。大谷遺跡は、この丘陵の北に接する隣の丘陵の南斜面に位置する。まだ梨の木西遺跡等との周辺に立地する遺跡との関係は不明であるが、今後、地域全体を墳墓群としてとらえることのできる遺跡になる可能性もある。

　この丘陵部には遺跡の存在は確認されていなかったが、周辺にも遺跡の存在が推測され、敏満寺遺跡の範囲内にある青龍山へも近く、今後の調査で新たな歴史の展開が見えてくるかもしれない。

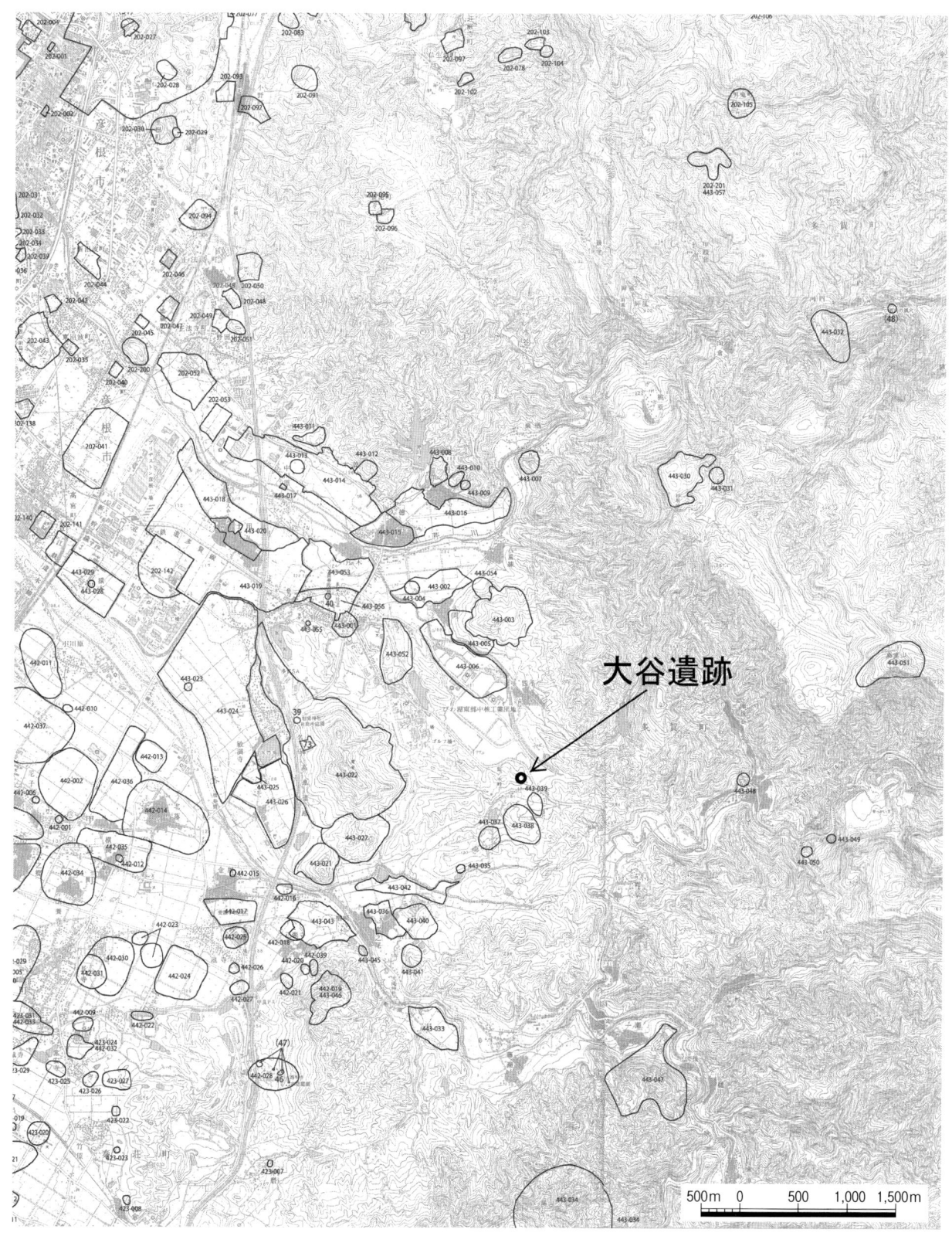

(『平成22年度滋賀県遺跡地図』平成23年3月 滋賀県教育委員会事務局文化財保護課 発行より)

第3図 大谷遺跡と周辺遺跡図

遺跡番号	地図	遺跡名	フリガナ	所在地	種類	時代	立地	現状	備考
443-001	35	多賀城遺跡	タガジョウイセキ	多賀	城跡	中世	平地	その他	
443-002	35	大岡遺跡	オオオカイセキ	大岡	集落跡・古墳	縄文～中世	平地	水田	
443-003	35	大賀城遺跡	オオガジョウイセキ	大岡	城跡	中世	平地	林	
443-004	35	石塚古墳群	イシヅカコフングン	大岡	古墳群	古墳	平地	水田	
443-005	35	大岡古墳群	オオオカコフングン	大岡	古墳群	古墳	山腹	山林	旧高塚古墳群・円墳13基・横穴式石室・須恵器(一部町史跡)
443-006	35	四手遺跡	シデイセキ	大岡・四手	散布地	古墳～中世	平地	水田	アケボノゾウ化石(町指定)
443-007	35	栗栖城遺跡	クルスジョウイセキ	栗栖	城跡	中世	山頂	林	
443-008	35	一円館遺跡	イチエンヤカタイセキ	一円	館跡	中世	山頂	その他	
443-009	35	一円古墳	イチエンコフン	一円	古墳	古墳	山腹	山林	円墳
443-010	35	一円廃寺	イチエンハイジ	一円	寺院跡	その他	山腹	山林	伝承地
443-011	35	小林城遺跡	コバヤシジョウイセキ	木曽	城跡	中世	山頂	林	
443-012	35	曽我城遺跡	ソガジョウイセキ	木曽	城跡	中世	山頂・平地	林・水田	
443-013	35	木曽古墳	キソコフン	木曽	古墳	古墳	平地	水田	円墳・須恵器
443-014	35	木曽遺跡	キソイセキ	木曽・久徳・中川原	散布地	古墳～中世	平地	水田	竪穴住居・掘立柱建物
443-015	35	久徳城遺跡	キュウトクジョウイセキ	久徳	城跡	中世	平地	宅地	
443-016	35	久徳遺跡	キュウトクイセキ	久徳・一円	集落跡	縄文・奈良～近世	平地	水田	
443-017	35	新田遺跡	ニッタイセキ	中川原	散布地	中世	平地	水田	
443-018	35	川原遺跡	カワライセキ	土田	散布地	中世	平地	水田	
443-019	35	土田遺跡	ツチダイセキ	土田	集落跡・墓跡	縄文・古墳～中世	平地	水田	甕棺墓19基・竪穴住居
443-020	35	土田館遺跡	ツチダヤカタイセキ	土田	館跡	中世	平地	その他	
443-021	35	篭城山城遺跡	ロウジョウヤマジョウイセキ	敏満寺	城跡	中世	山頂	林	
443-022	35	敏満寺遺跡	ビンマンジイセキ	敏満寺	寺院跡・集落跡・墓跡	縄文～室町	丘陵	山地・畑地	仁王門跡・金堂跡・古銭・軒瓦・土器・石造物・住居・掘立柱建物・埋甕(一部、国史跡)
443-023	35	大塚古墳	オオツカコフン	敏満寺	古墳	古墳	平地	水田	前方後円墳・横穴式石室
443-024	35	敏満寺西遺跡	ビンマンジニシイセキ	敏満寺	集落跡	平安	平地	畑地・水田	旧水沼荘遺跡・掘立柱建物・土師器・灰釉陶器
443-025	35	大門池南遺跡	ダイモンイケミナミイセキ	敏満寺	墓跡	その他	平地	墓地	銅銭
443-026	35	守野遺跡	モリノイセキ	敏満寺	散布地	奈良～中世	平地	水田	
443-027	35	倉谷遺跡	クラタニイセキ	敏満寺	城跡	中世	丘陵	山林	
443-028	35	猿萩氏館遺跡	サルハギシヤカタイセキ	猿木	館跡	中世	平地	その他	
443-029	35	猿木遺跡	サルキイセキ	猿木	散布地	奈良～中世	平地	水田	
443-030	35	桃原城遺跡	モバラジョウイセキ	桃原	城跡	中世	平地	林	
443-031	35	杉遺跡	スギイセキ	桃原	経塚	その他	山頂	山林	
443-032	35	河内城遺跡	カワチジョウイセキ	河内	城跡	中世	山頂	その他	
443-033	35	滝ヶ原遺跡	タキガハライセキ	藤瀬	散布地	奈良～中世	平地	水田	
443-034	35	八尾山城遺跡	ヤオヤマジョウイセキ	藤瀬	城跡	中世	山頂	林	
443-035	35	長尾窯跡	ナガオカマアト	富之尾	窯跡	奈良	山麓	水田	須恵器・登釜
443-036	35	堂ノ下遺跡	ドウノシタイセキ	富之尾	散布地	奈良～中世	平地	水田	
443-037	35	梨ノ木西遺跡	ナシノキニシイセキ	富之尾	墓跡	平安	丘陵	畑地	古銭・蔵骨器
443-038	35	古屋寺遺跡	コヤデライセキ	富之尾	寺院跡	その他	丘陵	山林	伝承地
443-039	35	梨ノ木東遺跡	ナシノキヒガシイセキ	富之尾	墓跡	平安	丘陵	畑地	蔵骨器
443-040	35	殿山遺跡	トノヤマイセキ	富之尾	城跡	奈良～中世	山麓	畑地・水田	
443-041	35	レイソウ寺遺跡	レイソウジイセキ	富之尾	寺院跡	その他	平地	畑地	
443-042	35	富之尾遺跡	トミノオイセキ	富之尾	散布地	奈良～中世	平地	水田	
443-043	35	楢崎古墳群	ナラサキコフングン	楢崎	古墳群・集落跡	縄文・古墳～中世	平地	水田	円墳・方墳・横穴式石室(一部町史跡)・掘立柱建物・瓦・楢崎氏居館跡
443-045	35	楢崎東遺跡	ナラサキヒガシイセキ	楢崎	窯跡	白鳳	山麓	山林	瓦窯跡・軒瓦
443-046	35	勝楽寺山城遺跡	ショウラクジヤマジョウイセキ	楢崎	城跡	室町	山頂	山林	高筑豊跡守の城・石垣(甲良町)
443-047	35	一の瀬城遺跡	イチノセジョウイセキ	一之瀬	城跡	中世	山頂	林	
443-048	35	佐目館遺跡	サメヤカタイセキ	佐目	館跡	中世	その他	その他	
443-049	35	深泥ヶ池遺跡	ミドロガイケイセキ	佐目	洞窟	奈良	山腹	洞窟	深泥ヶ池の洞窟
443-050	35	佐目遺跡	サメイセキ	佐目	洞窟	縄文	山腹	洞窟	別称佐目の風穴・石灰洞窟・縄文土器
443-051	35	高室山城遺跡	タカムロヤマジョウイセキ	保月	城跡	中世	山頂	山林	
443-052	35	小菅谷遺跡	コスガダニイセキ	多賀	散布地	中世	平地・丘陵	水田・山林	
443-053	35	月ノ木遺跡	ツキノキイセキ	月ノ木	散布地	奈良～中世	平地	水田	
443-054	35	大岡東遺跡	オオオカヒガシイセキ	大岡	散布地	中世	山腹	山林	
443-055	35	内山遺跡	ウチヤマイセキ	多賀	窯跡	近世	山麓	山林	
443-056	35	多賀神社遺跡	タガジンジャイセキ	多賀	社寺	中世～近世	境内	境内	
443-057	39	男鬼入谷城跡	オオリニュウダニジョウアト	入谷	城跡	中世	山頂	山林	

第1表　町内遺跡一覧表

第3章　調査の方法と成果

第1節　調査の方法

　今回の調査は、工事中の不時発見によるもので、工事着手前の事前調査ではなく、調査対象地部分の工事中の現場を一時、工事中止として実施した発掘調査である。
　調査は、記録保存として実施し、調査終了後現場を引き渡し、道路工事が行われた。
　調査期間の関係で、遺構の検出と遺物採取が優先され、記録方法も、必要最低限のものにとどまり、現地調査を終了した。

第2節　層序

　工事により、すでに、表土が除去され、正確な層序を確認できなかった。おそらく、周辺の状況から、地表面の表土直下に遺構面が存在していたと推測される。
　遺跡発見時に確認された木炭が露出していた工事中重機により掘削された部分の状況から、表土下層以下の基本層序とした。

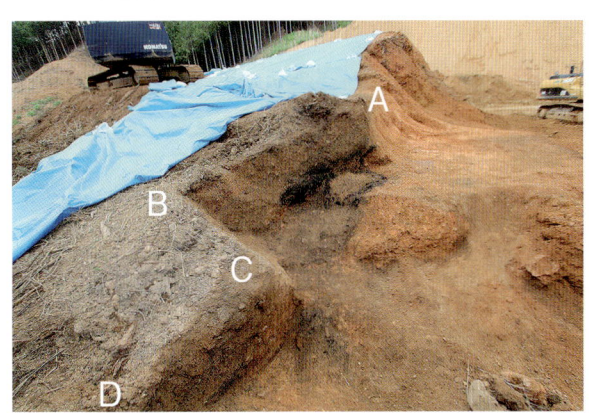

写真8　断面図作成部全体

写真9　断面図作成部S1付近

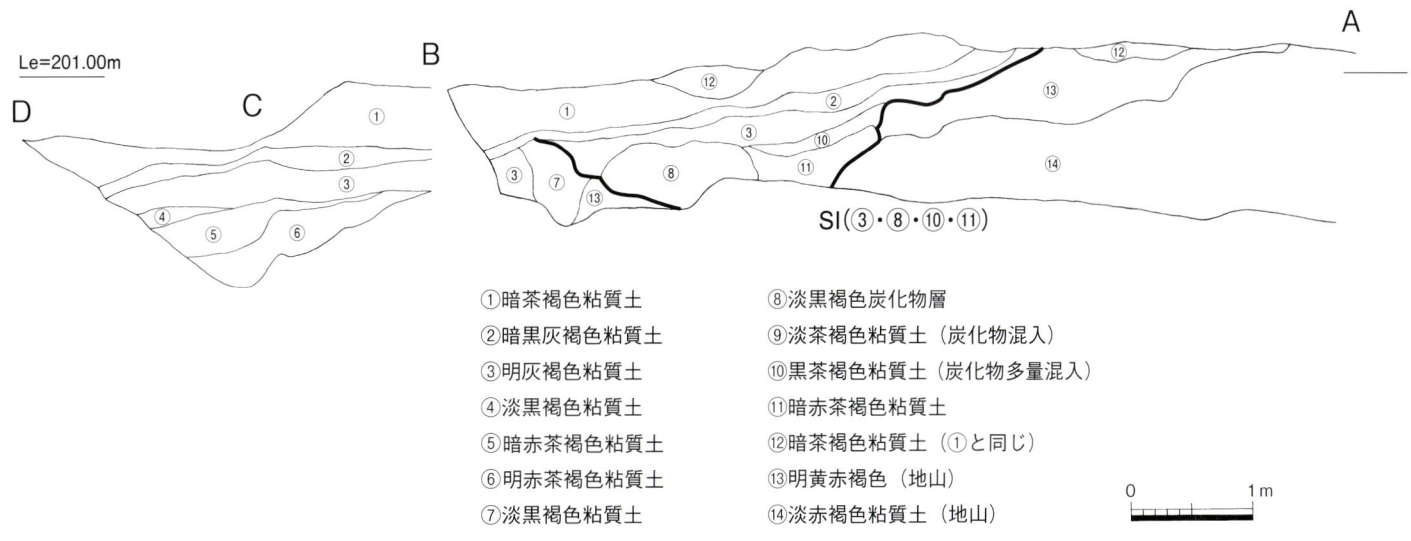

①暗茶褐色粘質土
②暗黒灰褐色粘質土
③明灰褐色粘質土
④淡黒褐色粘質土
⑤暗赤茶褐色粘質土
⑥明赤茶褐色粘質土
⑦淡黒褐色粘質土
⑧淡黒褐色炭化物層
⑨淡茶褐色粘質土（炭化物混入）
⑩黒茶褐色粘質土（炭化物多量混入）
⑪暗赤茶褐色粘質土
⑫暗茶褐色粘質土（①と同じ）
⑬明黄赤褐色（地山）
⑭淡赤褐色粘質土（地山）

第4図　調査地区断面図

写真10　遺構面検出状況1

写真11　遺構面検出状況2

写真12　遺構面検出状況3

写真13　遺構面検出状況4

写真14　遺構検出作業状況1

写真15　遺構検出作業状況2

写真16　Ｓ1検出前状況

写真17　Ｓ1検出作業経過状況1

第3節　遺構と遺物

　検出した遺構は土坑状遺構23基、ピット状遺構24、性格不明の遺構2（S2、S3）である（遺構番号はP18第5図参照）。土坑状遺構のうち11基（S1、S6、S7、S8、S9、S17、S22、S34、S39、S43、S50）には木炭が充填されており、またそのうちの4基（S1、S6、S39、S43）からは鉄板が出土した。鉄板4枚と鉄製品等については第4章で報告する。

　S1は工事中掘削断面に露出した炭化物を確認した部分で、遺跡発見時に最初に確認された墓跡である。発見当初は、断面に炭化物が認められるが、遺構は掘削されていると想定していた。工事中には、炭化物からは灰釉陶器の高台付坏片や鉄製品が確認されていた。掘削された断面が第4図の断面図である。鉄板が出土した遺構はこの断面上部より70cm下に、偶然工事重機の掘削を免れ、方形状の遺構が検出された。東西50cm×南北80cm程度の長方形を呈する。上部は工事中に重機で削平されているため、遺構の上部状況は不明であるが、方形状土坑の上部に堆積する炭層が存在していと推測される。また、方形状土坑までの深さが37cm。西側に接するS18は同一の遺構である可能性が高く、後述するS39と同じような構造であった可能性がある。方形状土坑の南と南西側は重機で掘削されていて全体の規模は明確でない。南側に炭の塊を確認したが、おそらく、この方形状土坑の上部炭層を崩したものと推測する。方形状土坑は深さ58cmでの炭が充填されていた。底の中央よりやや北側に深さ23cm長軸40cm短軸30cmの楕円形上の窪みを検出した。南側の壁面のみが完全に削平されており、床面からの僅かな立ち上がりを確認するが。壁は垂直で、底面は平坦である。東壁面に壁から7cm程度離れて、鉄板1枚が垂直に立てられた状態で出土した。他に鉄製品が出土した（第4章参照）。

　①は土師器の皿。口縁部で端部は丸みを帯び外へ開く。②は灰釉陶器の埦。底部は欠損。体部は外へ開き気味に立ち上がり中ほどで内湾し口縁に至る。口縁はやや外へ開き、端部断面は丸く仕上げる。口径（復元）15.4cm。③は灰釉陶器の埦。底部は欠損。体部は内湾し口縁に至り外へ開く。端部断面は丸く仕上げる。口径（復元）18.0cm。④は灰釉陶器の埦。体部は内湾し立ちあがり口縁に至る。口縁端部は外へ開き、断面は丸く仕上げる。高台は貼り付けで、逆ハ字状に外へ開く。端部は断面方形。底部外面はヘラ削りにより調整。高台部はナデ。体部下部はヘラ削りにより調整。他は内外面ともナデ。内面全面と口縁部外面には緑灰色の釉付着。口径15.8cm、高台径8.0cm、高さ6.0cm。①～④はS1の上層部より出土したもので、工事中発見時に採集した。④はS2、S3の上部より表採したものと接合した。

　S2はS1の北側に位置し、同じく重機により掘削された壁面に炭の塊が確認されたものであるが、ほとんど遺構としては確認できなかった。性格不明遺構とした。炭を充填した墓跡がこのあたりに存在していたと推測する。

　⑤は灰釉陶器の埦。体部は内湾し立ち上がり、口縁部で外へ開く。端部は断面方形。貼付高台でハ字状に接合され、端部は丸く尖る。体部内外面はロクロナデ。口径（復元）16.0cm、高台径6.5cm、高さ6.3cm。S2の上部より表採。⑥は灰釉陶器の皿。高台は、底部外側の体部下に貼り付けられている。体部は外へ開き立ち上がり、口縁に至る。端部は外へ開き、断面が丸く仕上げられている。底部外面は糸切り痕が残る。口径13.4cm、高台径7.0cm、高さ2.9cm。⑦は灰釉陶器壺。高台径10.5cm。⑥と⑦は出土した位置はS2の上部であるが、調査前の工事中の掘削時に出土したものである。⑧は陶器の壺の口縁から頸部。頸部はやや外へ開き立ちあがり口縁に至り、端部は断面方形で、外へ折り曲げ仕上げられている。ロクロナデにより調整。口径5.2cm。頸部径4.0cm。外面に柿釉を掛ける。いわゆる近代の貧乏徳利である。⑨は陶器の壺の体部下方部片。ナデに調整。外面に柿釉を掛ける。⑧と同一個体。⑩は陶器の壺の体部片。内外面ともナデにより調整。外面に柿釉を掛ける。⑧⑨と同一個体。⑪は須恵器坏Ｂの底部片。高台は貼り付けで、断面方形。内面はナデで調整。⑫は所謂回転台土師器坏Ｂの底部。高台は底部から外へ開く体部の立ち上がり部に貼り付けられ、断面は三角形状を呈する。

写真18　S1検出作業経過状況2

写真19　S1鉄板出土状況1

写真20　S1鉄板検出状況2

写真21　S1検出状況1

写真22　S1出土状況2

写真23　S1検出状況3

写真24　S1検出状況4

写真25　S1とS18検出状況

内外面ともにナデにより調整。高台径（復元）6.4cm。⑬は所謂回転台土師器の坏の口縁部片。内外面はナデ。⑭は陶器の壺の口縁部片。外面に貼り付けた痕跡があるが剥離していて形状は不明。内面はナデ調整で口縁端部内面以外は灰釉を掛けている。⑧から⑭はＳ２及び周辺の検出時に出土した遺物である。

Ｓ３はＳ１とＳ２の間にあり190cm×90cmの長方形状を呈し、南側に東へＬ字状に150cm×70cmの長方形状の遺構と重なる。遺構として検出したが、炭層の広がる形状とは異なり、遺構の深さも３cm程度でほとんど残っていない状況であり、墓跡とは確認できなかた。

⑮は土師器の皿。口縁部。体部は外へ開き、端部は断面方形で、外へ開く。ナデにより調整。口径（復元）14.2cm。

Ｓ４は長軸80cm、短軸33cm、深さ７cmの楕円形状を呈するピットである。

Ｓ５は直径100cmの円形状を呈する土坑。深さ22cm。

Ｓ６は遺構面検出時には長軸190cm短軸120cmの楕円形状を呈していたが、検出すると楕円形状の深さ18cm下層から東半分に125cm×120cmの正方形状の土坑が重なる墓跡である。深さ65cmで炭が検出され、炭が充填されていた。底は90cm×80cmを呈し、一回り小さい。東壁面にほぼ垂直になった状態で鉄板１枚が出土した。他に鉄製品が出土した（第４章参照）。

⑯は坏Ｂの高台付坏の底部。体部は内湾し立ち上がる。高台は貼り付けで、断面方形。高台径（復元）は8.0cm。⑰は須恵器の坏Ｂの底部。高台は貼り付けで貼付高台で断面方形、やや外へ開く。内面はナデ、高台部はナデ。高台径（復元）9.8cm。

Ｓ７は一辺150cm、深さ19cmの三角形状を呈する土坑で、中央より南側に65cm×60cmの方形状の土坑が重なる。深さ52cm。底は平らである。上層２～５cm以外の埋土はほぼすべて炭が混じる。⑱は土師器の坏口径部。⑲は土師器の坏の底部。⑳は所謂回転台土師器の坏Ｂ。底部は平で体部は外へ開き立ち上がる。高台は貼り付けで、断面が三角形状を呈する。高台径（復元）7.7cm。

Ｓ８はＳ７の６m東に位置し、長軸170cm短軸98cm、深さ30cmの楕円形状を呈する土坑。北西側に95cm×90cmの方形状の土坑が重なる。深さ15cm。埋土は炭が混じる。鉄製品が出土（第４章参照）。

Ｓ９は長軸80cm短軸57cmの楕円形状を呈する土坑。深さ39cm。遺構検出面が斜面になっており、かなり削平されている。埋土は炭である。鉄製品が出土する（第４章参照）。

Ｓ10は短軸80cm長軸65cmの楕円形状を呈するピット。深さ19cm。

Ｓ11は直径50cmの円形を呈するピット。深さ17cm。Ｓ12と少し重なる。

㉑は所謂回転台土師器の坏Ｂ。底部は平らで体部はやや内湾して立ち上がり口縁に至る。端部は丸くやや外へ開き仕上げる。高台は貼り付けで、断面は丸く仕上げる。ナデにより調整され、外面の稜が明確。口径13.7cm、高台径6.7cm、高さ3.4cm。ほぼ完形である。㉒は土師器の坏。底部は欠損。体部は内湾し立ち上がる。口縁はやや状へ立ち上がり端部断面は丸く仕上げる。ナデにより調整。

Ｓ12はＳ９の東３mに位置する。130cm×100cmの長方形状を呈する土坑。Ｓ９と同じく削平されている。２重に土坑が重なっている。深さ33cm。

㉓は須恵器の坏の口縁部。端部はやや丸みをおびる。内外面ともにナデにより調整。㉔は所謂回転土師器の坏Ｂの底部。体部は外へ開き立ち上がる。高台は貼り付けで、断面が三角形状を呈する。体部と底部の外面はヘラ削りで高台部はナデ、内面はヘラにより調整。高台径（復元）6.2cm。㉕は所謂回転台土師器の坏Ｂ。高台は欠損している。底部は平らで、体部は内湾し立ち上がり、口縁に至る。口縁端部は丸く仕上げる。内外面ともにナデにより調整。口径（復元）12.0cm、底径（復元）8.2cm、高さ2.8cm。㉖は所謂回転台土師器の坏Ｂの底部。体部は内湾し立ち上がる。高台は貼り付けで、断面三角形状を呈する。外面はナデ、内面の体部はヘラで調整、底部はナデ調整。㉗は所謂回転台土師器の坏Ｂの底部。体部は外へ開き立ち上がる。貼付高台は丸みを帯びた断面三角形。体部外面はヘラ削り、高台部と底部はナデ。㉘は土師器の坏。体部はやや外へ開き立ち上がり、口縁に至り、端部が外へ開く。断面は丸く仕上げる。ナデにより調整。㉙は所謂回転台土師器の坏の口縁部片。体部は外へ開き立ち上がり、口縁でやや上方へ立ち上がり、端部至る、端部断面は丸く仕上げる。内外面ともにナデ。㉚は土師器の皿。体部は内湾

写真26　S6検出状況

写真27　S6鉄板出土状況

写真28　S7検出状況

写真29　S8検出状況

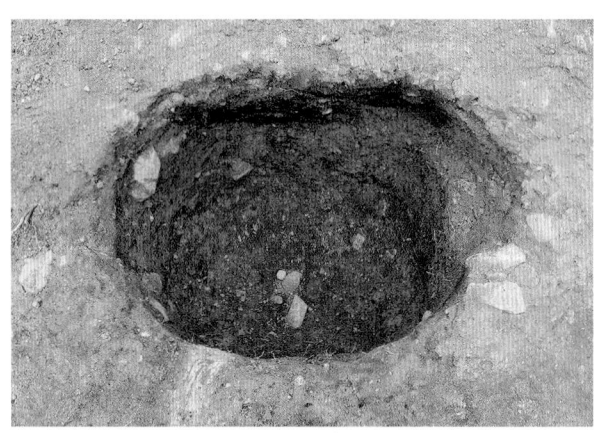
写真30　S9検出状況

写真31　S11検出状況

写真32　S11土器出土状況

写真33　S15検出状況

し立ち上がる。口縁端部は丸みを帯びた断面方形。内外面ともナデにより調整。㉛は所謂回転台土師器の坏。体部は内湾し立ち上がる。口縁端部は丸く仕上げられている。内外面はナデ調整。㉜は須恵器の坏Ｂの底部。底部は平らで、体部は外へ開き立ち上がる。高台は貼り付けで断面方形、高台部はナデ、高台径（復元）9.8cm。㉝は須恵器の坏Ｂの底部。貼付高台でナデにより調整。高台径（復元）9.0cm。㉞は所謂回転台土師器の坏の口縁部。端部は丸く仕上げる。ナデにより調整。内面に炭化物が付着する。㉟は灰釉陶器の壺の肩部。内外面ともにロクロナデ調整。

　Ｓ13は180cm×120cmの長方形状を呈する土坑。深さ23cm。Ｓ12と接する。南側に直径20cm、深さ10cmのピットを検出する。

　Ｓ14は直径60cm、深さ23cmの円形を呈するピット。Ｓ12とＳ13の接する南に隣接する。

　㊱は土師器の坏、体部下半部。内外面ともにナデにより調整。㊲は土師器の皿。体部は外へ開き立ち上がり口縁に至る。端部は断面が尖り上方へつまみあげられている。体部外下方は未調整。その他は、内外面ともナデ調整。㊳は土師器の皿、口縁部片。端部は外へ開き、断面は丸味を帯びた方形状を呈する。ナデにより調整。

　Ｓ15は不定形で、深さ14cm。直径30～40cm、深さ10～8cmの円形ピットを3基検出する。西側に幅18cm、長さ60cmの細長い遺構が接する。

　Ｓ16はＳ15の東に隣接する直径75cmの円形状を呈するピット状遺構。深さ26cm。

　Ｓ17は南北を長軸210cm、南側が100cm、北側が50cmの丸みを帯びた細長い台形状を呈する。北側に直径50cmのピットが重なる。上層部より5cmで炭層を検出する。鉄製品が出土する（第4章参照）。

　㊴は所謂回転台土師器の坏Ｂの底部。貼付高台で、断面は三角形。体部は外へ開き立ち上がる。体部は内外面ともにナデにより調整。高台径（復元）6.2cm。

　Ｓ18はＳ17とＳ1の間にある。Ｓ1に切られているが、Ｓ1の掘方として同一の遺構と推測される。上部が削平を受けており、特に東側はＳ1の上部にあたり、工事中の重機で掘削されていて関係が不明である。

　Ｓ19はＳ16の南1mにあり、直径75cmの円形状ピット。深さ15cm。

　Ｓ20は東西が140cmの長軸、南北が90cmの楕円形状を呈する土坑。深さ62cm。

　Ｓ21はＳ19の南にあり、長辺170cm、短辺70cmの台形状を呈する。深さ37cm、長辺側に長軸120cm、短軸30cm、深さ11cmの楕円形状遺構が重なる。

　Ｓ22はＳ21の南に隣接する。長軸140cm、短軸80cm、深さの12cmの楕円形状遺構に直径80cm、深さ48cmの円形状遺構が重なる。

　Ｓ23はＳ21の西に隣接する直径cmの円形状ピット。深さ18cm。

　Ｓ24はＳ23の南西にある直径40cmの円形状ピット。深さ15cm。

　Ｓ25は直径45cm、深さ14cmの円形状のピット。

　Ｓ26は直径35cm、深さ15cmの円形状のピット。

　Ｓ27は長軸75cm、短軸45cm、深さ11cmの楕円形状のピット。

　Ｓ28は180cm×110cmの方形状で北西隅が円形状に突出する形状を呈する。深さ34cm。土坑状の遺構。

　Ｓ29はＳ28の北に接する。直径80cmの半円形状を呈する。深さ35cm。Ｓ28と同じ遺構。

　㊵は所謂回転台土師器の坏Ｂの底部。体部は外へ開き立ち上がる。貼付高台で断面が三角形を呈する。全面、ナデにより調整。

　Ｓ30は長軸80cm、短軸40cm、深さ13cmの楕円形状を呈し、南東側に長軸60cm、短軸40cm、深さ19cmの楕円形状の遺構が重なる。

写真34　S17検出状況

写真35　S18検出状況

写真36　S20検出状況

写真37　S21・S22検出状況

写真38　S39検出状況

写真39　S39鉄板検出状況

写真40　S43検出状況

写真41　S50検出状況

Ｓ31はＳ28の西にあり、一部重なる。150cm×90cmの方形状を呈するが西側が丸く円形状になる。深さ8cm。50cm×30cmの長方形状の遺構が南端に重なる。

　Ｓ32は長軸95cm変える短軸45cm、深さ14cmのピット状遺構。

　Ｓ33は110cm×60cm、深さ13cmの四隅が丸みを帯びた方形状を呈する。

　Ｓ34は160cm×90cm、深さ14cmの楕円形状を呈する。南側に直径90cm、深さ68cmの円形状を呈する遺構が重なる。土坑状遺構。

　Ｓ35は直径60cm、深さ16cmの円形状を呈する。

　Ｓ36は長軸90cm、短軸65cm、深さ22cmの楕円形状を呈する。

　Ｓ37は140cm×130cmの方形状を呈する南東隅に直径60cm、深さ17cmのピットと直径70cm、深さ36cmのピットが重なる。

　Ｓ38は、長軸170cm短軸110cm、深さ6cmの楕円形状を呈し、西側がＳ39に切られている。

　Ｓ39は100cm×160cm、深さ5cmの方形状を呈し、ほぼ中央部に120cm×110cmの方形状を呈する土坑が重なる。ここは炭が充填されていて深さ104cm。Ｓ38と同じ遺構。鉄板が１枚出土（第４章参照）。

　Ｓ40は直径50cm、深さ8cmのピット。

　Ｓ41は90cm×80cm、深さ5cmの方形状を呈する土坑。北側が変形している。

　Ｓ42は直径80cmの円形状を呈するピット状の遺構である。

　Ｓ43はＳ42の西に隣接する。直径100cm、深さ42cmの円形状を呈する土坑状遺構。炭が充填されている。鉄板が1枚出土。他にも鉄製品が出土（第4章参照）

　Ｓ44は長軸80cm、短軸50cm、深さ16cmの楕円形状のピット。

　Ｓ45は長軸70cm、短軸38cm、深さ10cmの長方形状を呈する。

　Ｓ46は長軸120cm、短軸65cm、深さ13cmの楕円形状を呈する土坑。

　Ｓ47はＳ29の北に隣接する。直径30cm、深さ12cmの円形状を呈するピット。

　Ｓ48は直径30cm、深さ6cmの円形を呈するピット。

　Ｓ49はＳ8の東に隣接する直径40cm、深さ11cmの円形を呈するピット。

　Ｓ50は100cm×80cm、深さ10cmの方形状状土坑と95cm×80cm、深さ11cmの方形状土坑が重なる。上部は削平されている。

　Ｓ51は長軸70cm、短軸40cm、深さ17cmの楕円形状を呈するピット。

　Ｓ52は長軸130cm、短軸90cm、深さ11cmの楕円形状土坑に不定形の深さ10cmの遺構が重なる。

　㊶から㊼は遺構面検出時に出土。㊶は所謂回転台土師器の坏Ｂの底部。高台は貼付け高台で断面三角形。体部は外へ開き立ち上がる。高台部はナデにより調整。高台径（復元）5.4cm。㊷は所謂回転台土師器の坏Ｂの底部片。貼付け高台で断面が三角形。㊸は所謂回転台土師器の坏。体部は外へ開き立ち上がり、口縁で内湾する。端部は尖り気味でやや外へ開く。内外面ともナデにより調整。口径（復元）11.0cm。㊹は所謂回転台土師器の坏Ｂの底部片。貼付高台で内外面ともナデ調整。㊺は所謂回転台土師器の坏。体部は外へ開き立ち上がり、口縁にいたる。端部は尖り気味に仕上げる。外面はナデ調整、内面はヘラ調整。㊻は所謂回転台土師器の坏。口縁端部は断面方形。ナデにより調整。㊼は土師器の甕の体部片。外面はタタキ目、内面はナデ調整。

　他に調査対象地に隣接する工事中斜面から表採された鏡（八稜鏡）がある（第４章参照）。

第5図　遺構検出状況全体図

写真42　調査地区全景（西から）

写真43　調査地区全景（東から）

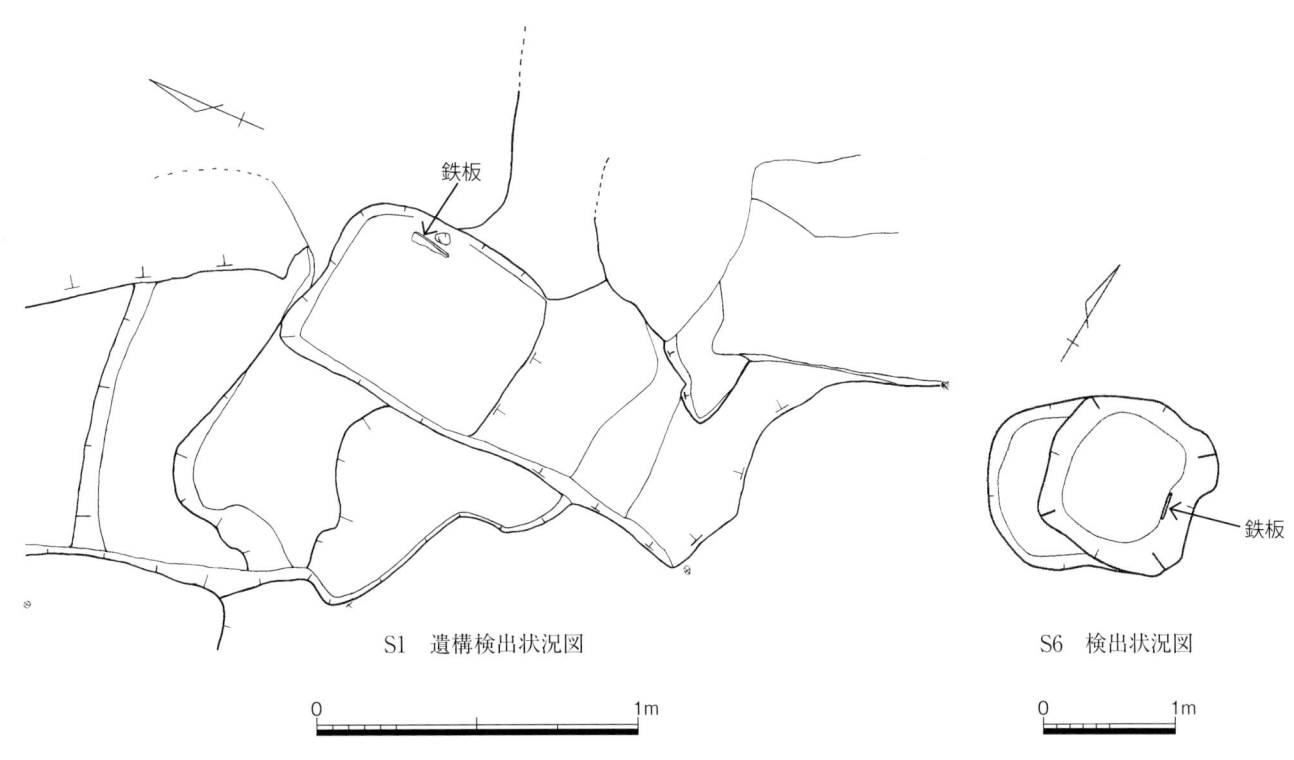

第6図　遺構検出状況図1　S1・S6

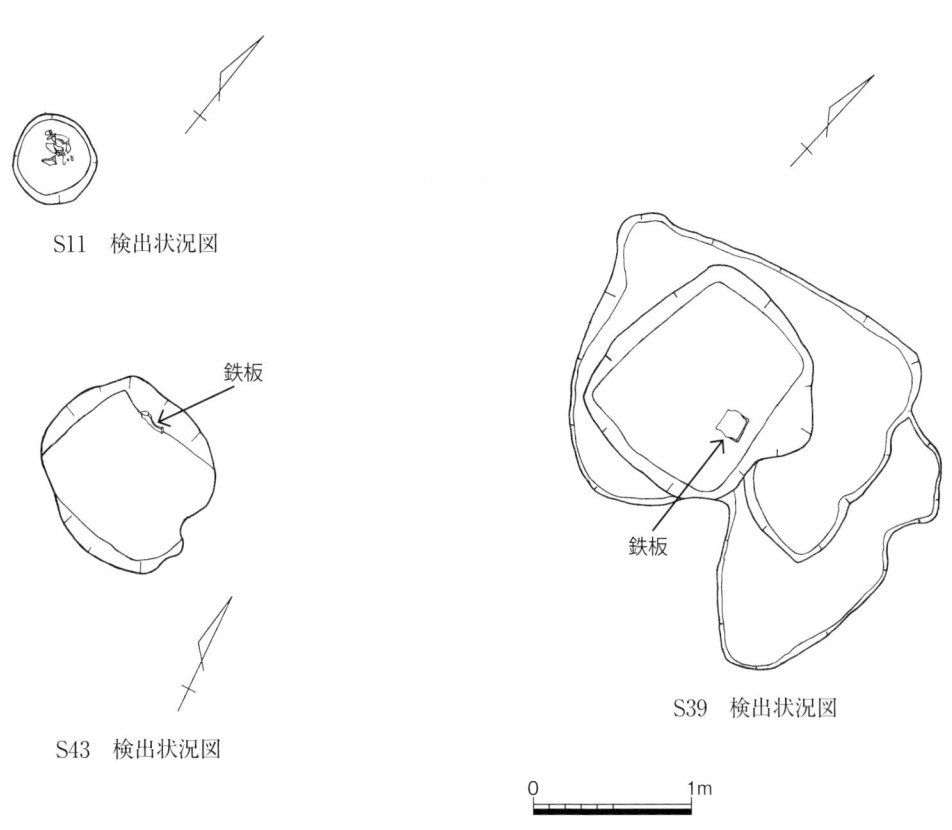

第7図　遺構検出状況図2　S11・S39・S43

— 19 —

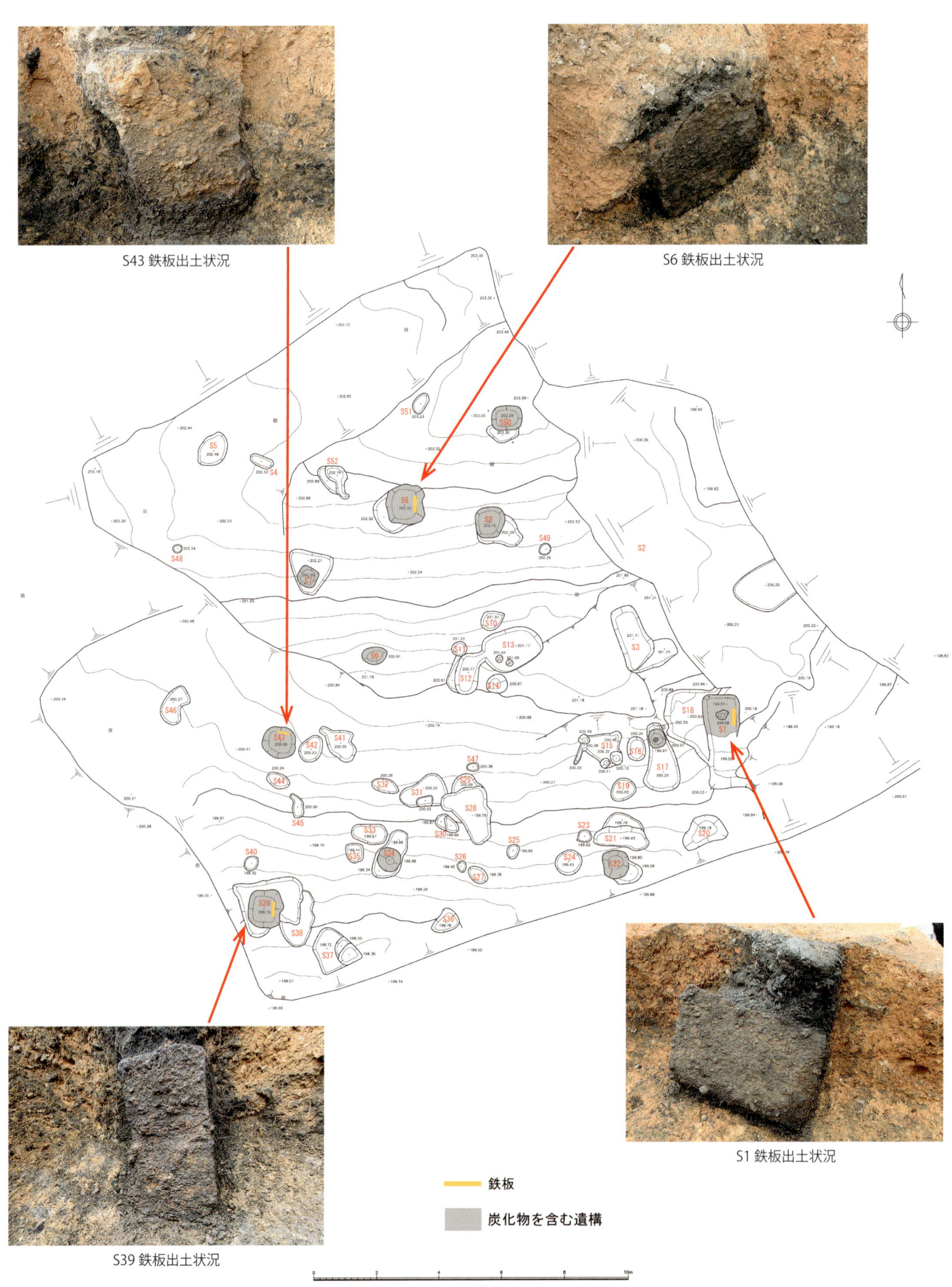

第 8 図　鉄板出土及び炭化物検出遺構図

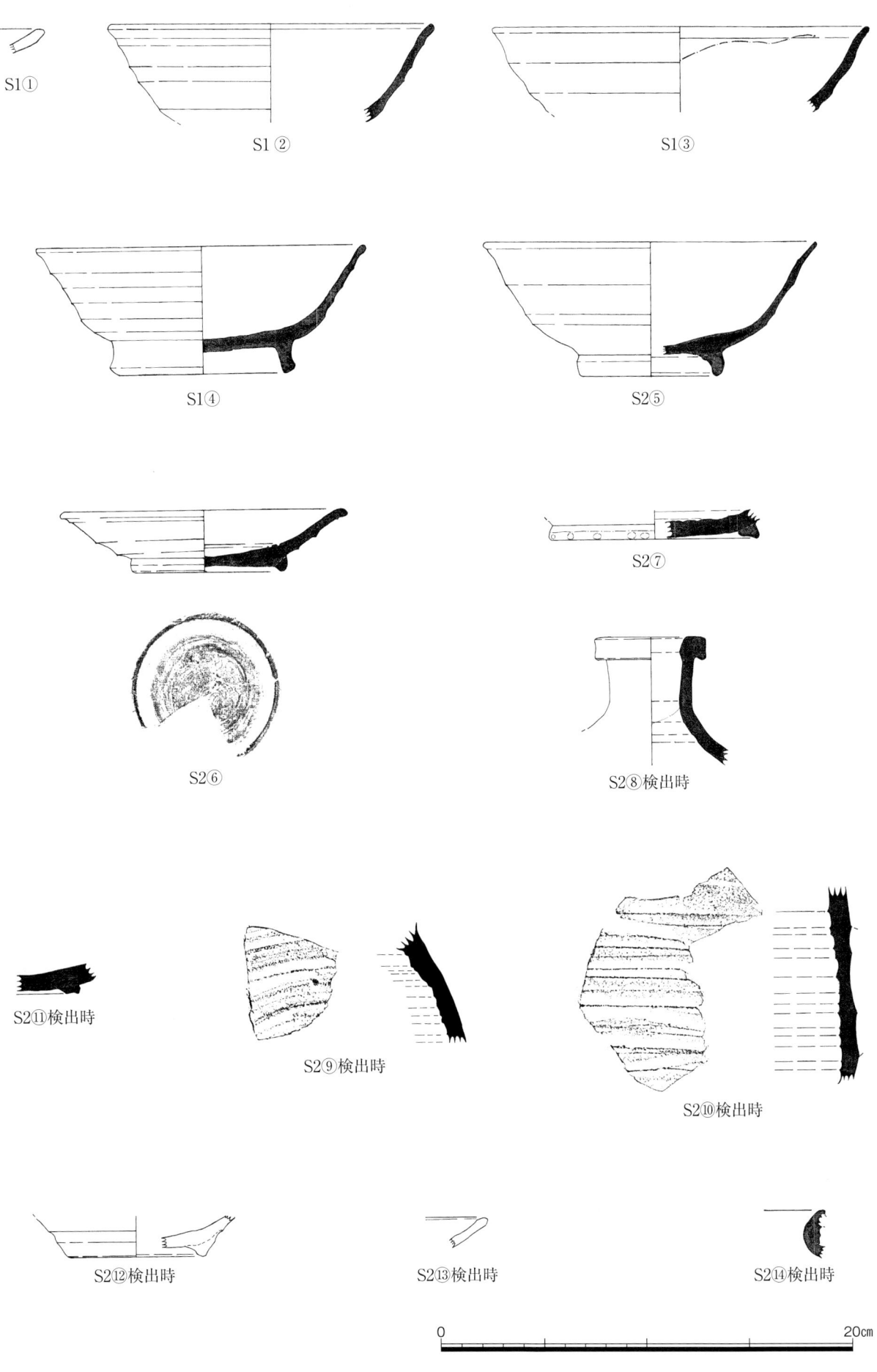

第9図　出土遺物実測図1

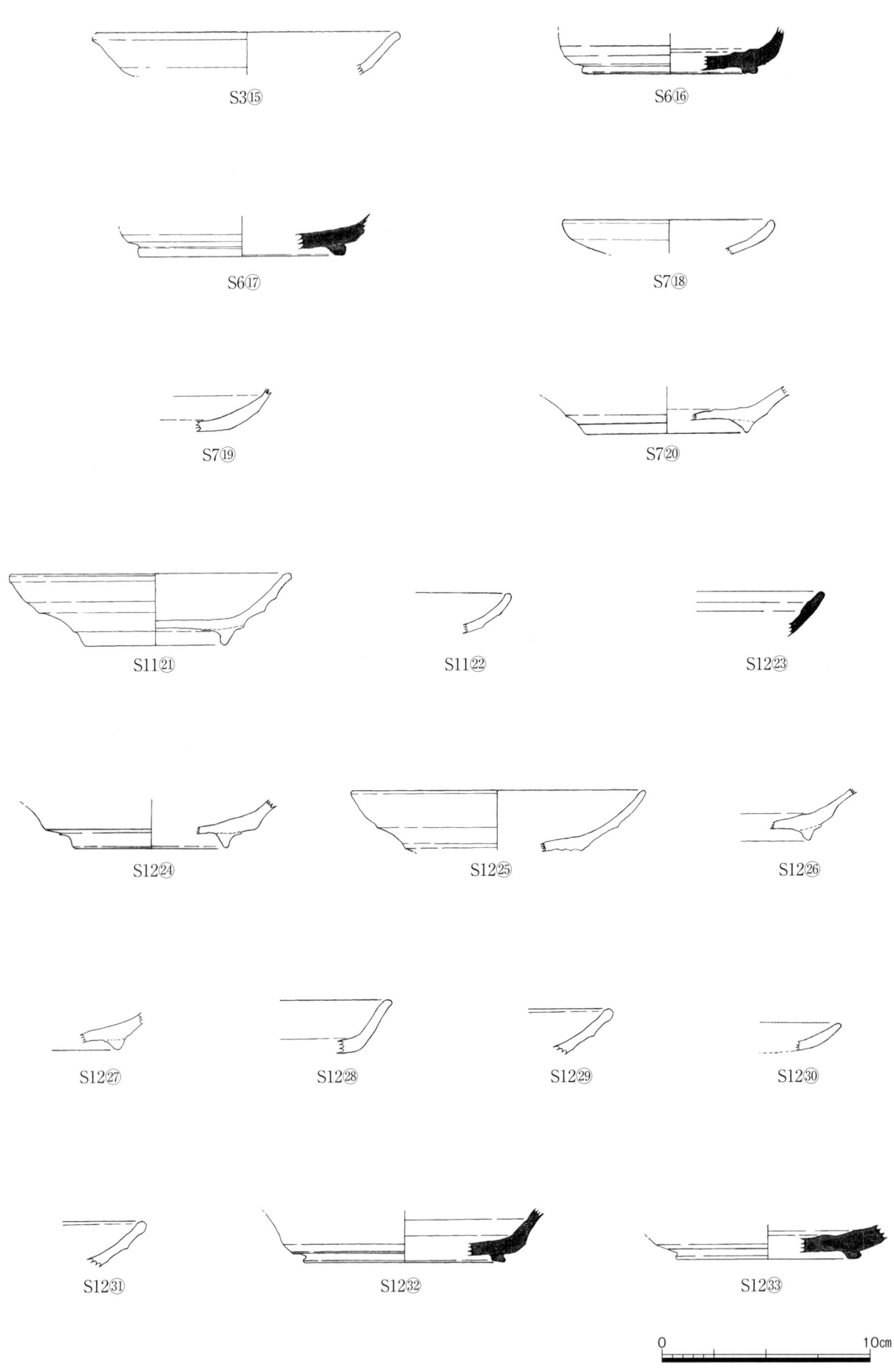

第10図　出土遺物実測図2

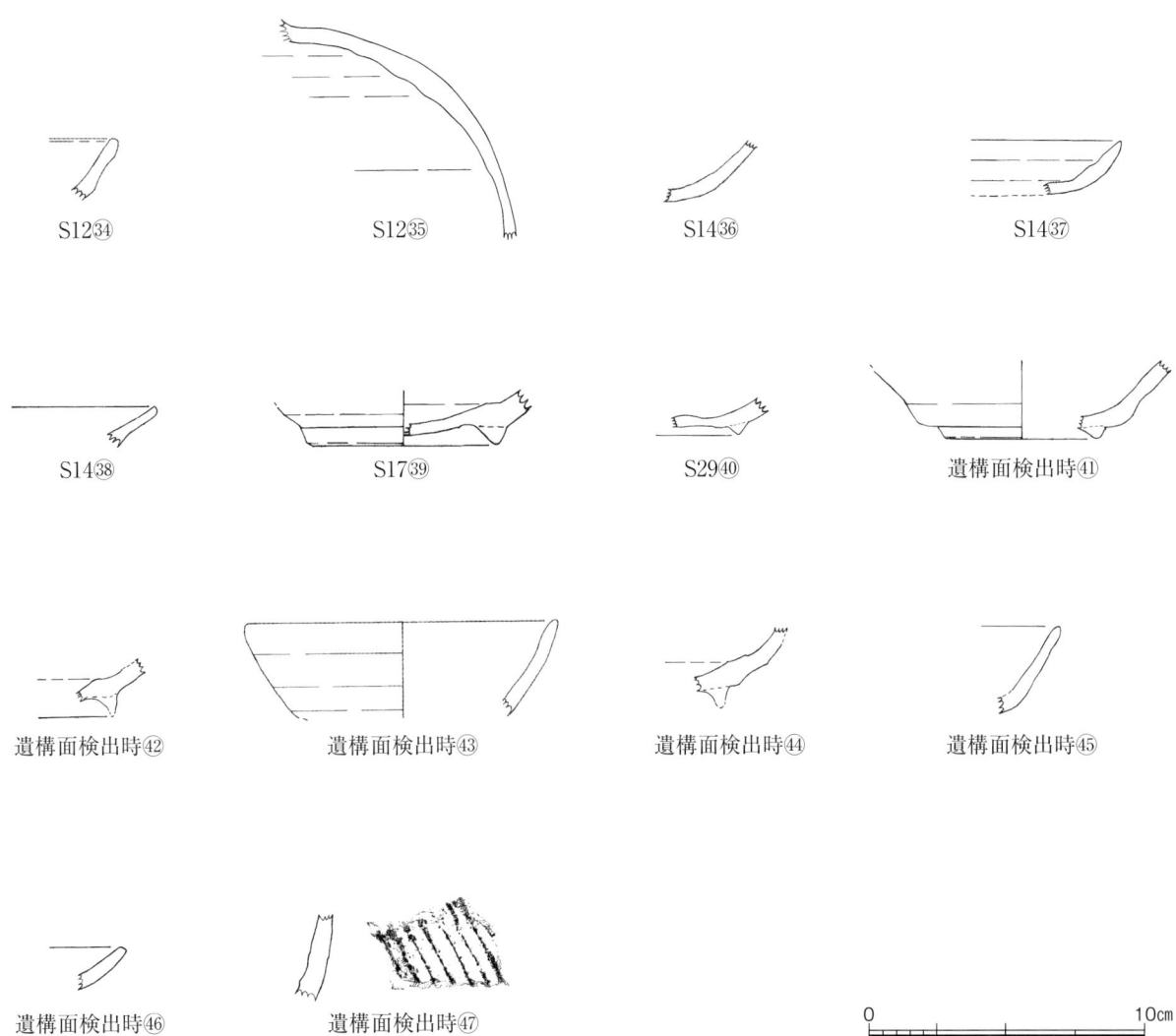

第11図　出土遺物実測図3

第4章　出土鉄製品について

第1節　遺物報告

　遺物としては鉄板、鉄釘、留め具、棺金具とみられる製品、鏡がある。その大多数は鉄釘であり、木炭が充填された木棺および木櫃を中心とし、その付属品を構成していたものとみられよう。

　今回の図化において、鉄釘は使用された状態を反映させるため、木質の木目を基準とした。こうすることにより、鉄釘の打ち込まれた角度を理解しやすく、鉄釘が打ち込まれたとみられる木棺との関係性が把握できるようになるためである。ただし、木質がみられない鉄釘に対してはこの限りではない。

　なお、本章では、鉄釘の部分名称と木質を第12図のように呼称する。参照願いたい。

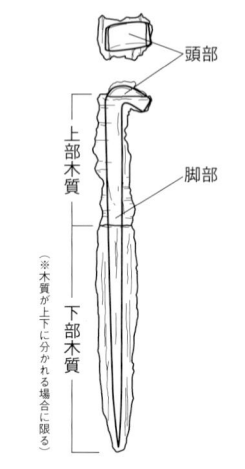

第12図　鉄釘の名称

S1（第13・14・15図、図版7）

　S1より出土した遺物は、鉄板1点、鉄釘16点である。

　1は、鉄板である。全長288㎜、最大幅196㎜、厚さ1.5㎜。四隅はやや丸みを帯びており、裁断された状態ではないことがうかがえる。表面には木質の付着があるが、上部に付着する木質は鉄板の縦軸に対して斜め方向の木目をもつのに対し、下部に付着する木質は鉄板の縦軸に呈して平行する木目をもつ。いずれも木棺の一部が付着しているものとみられる。

　X線ラジオグラフにて孔らしきものが確認できるが、不明瞭なものも含むため今回図示していない。

　用途としては墓誌や買地券などが考えられたため表面・裏面ともに赤外線写真撮影を行ったが、特記するべき事項は確認できなかった。

　2～16は鉄釘である。このうち、大部分には木質の痕跡が確認され、木棺の部材の連結に使用されたものとみられる。形状の確認できるものについてみれば、頭部の形状はいずれも方形で、先端を折り曲げたような形状を呈する。全長は2で90㎜、3で87㎜であるが、その他はいずれも　頭部か脚部を欠く。軸部の断面形をみると、2・3は一辺5㎜程度の方形を呈するが、13～16などやや細いものも存在する。

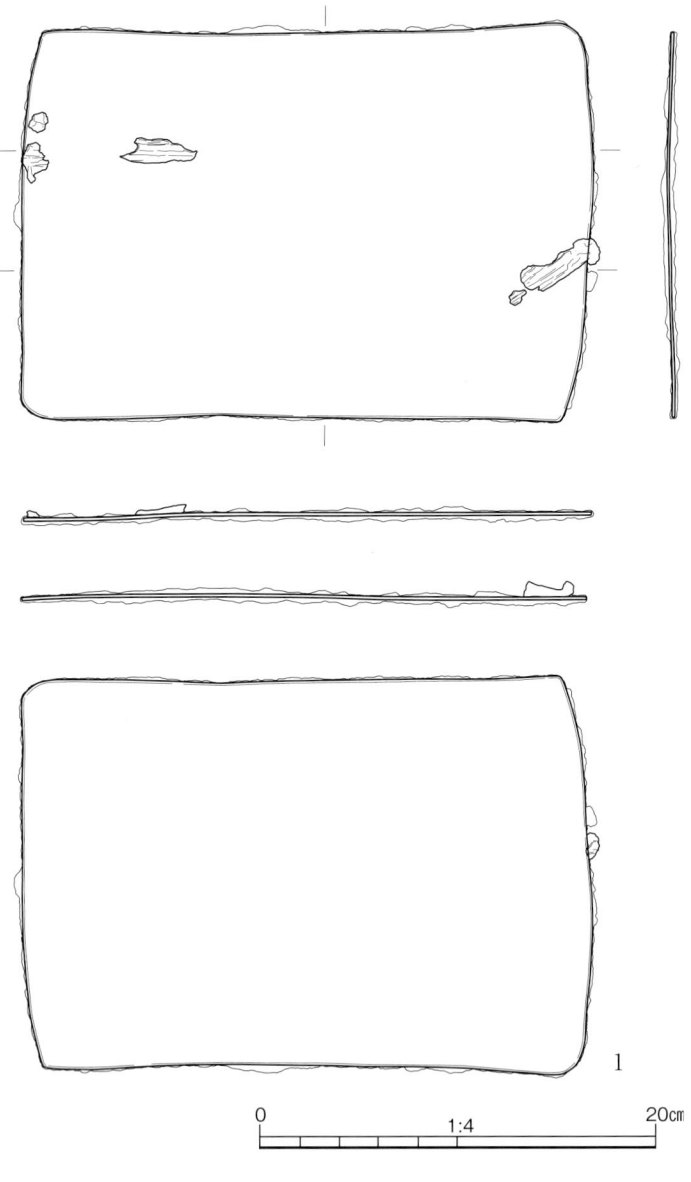

第13図　S1出土品実測図1

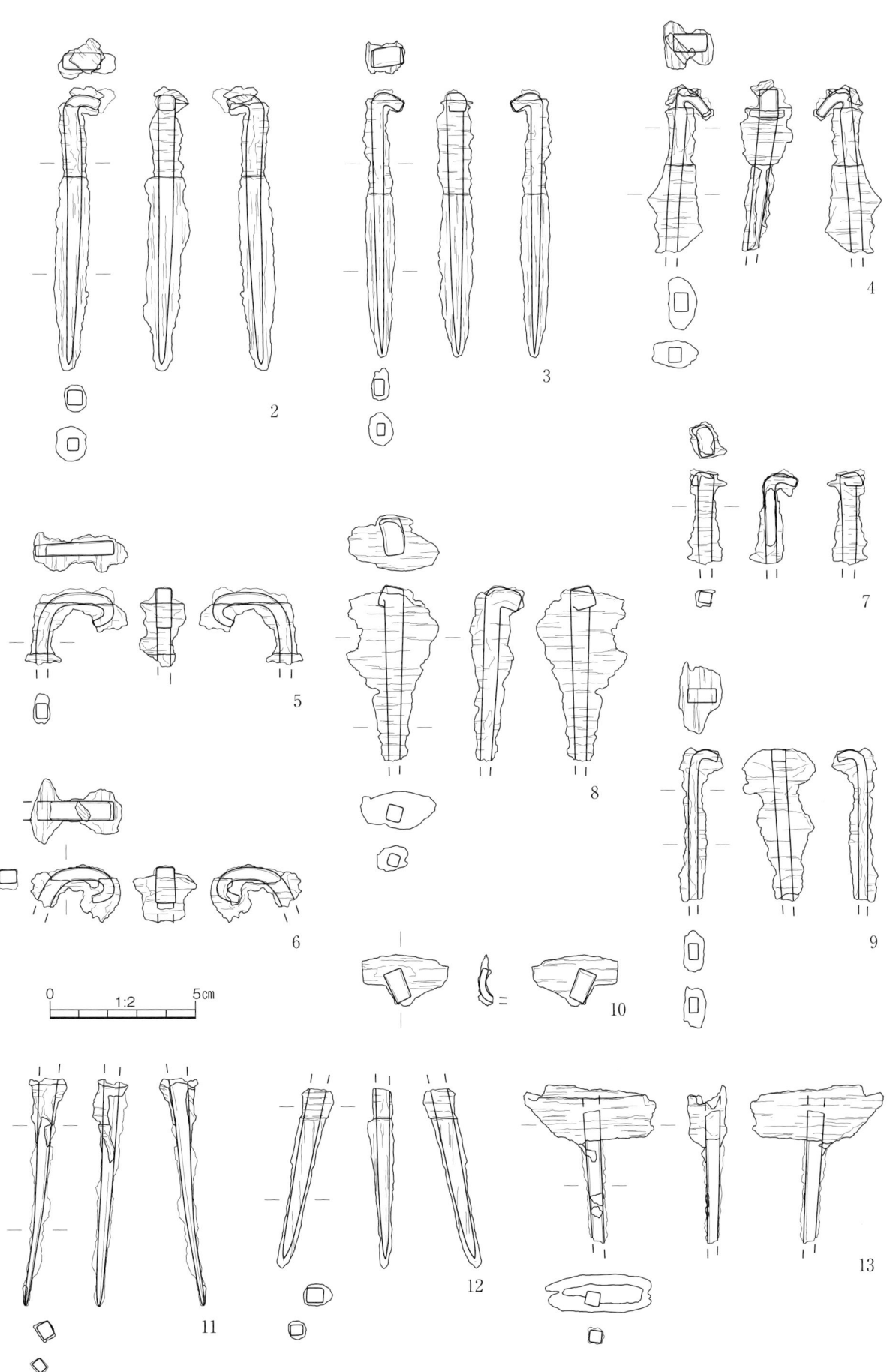

第14図　S1出土遺物実測図2

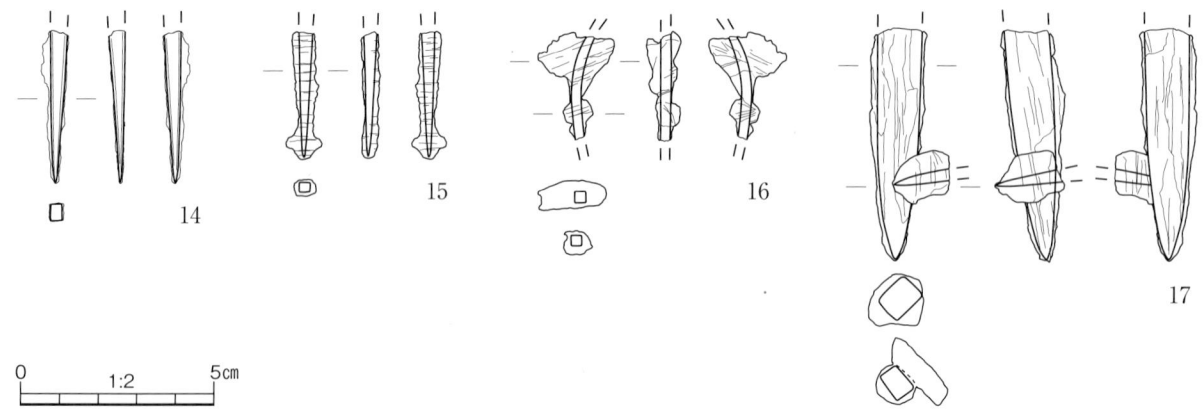

第15図　Ｓ１出土品実測図３

　17は２本の鉄釘が周辺の木質とともに良好に遺存している。鉄釘は直行しており、木質の繋ぎ目にそれぞれ打たれた鉄釘とみられる。このような縦横の鉄釘の先端が交差する箇所は箱の隅に相当するとみられ、蓋もしくは底板と側板の存在を示している。木棺の存在を裏付ける良好な資料といえよう。
　大部分は木質に対して垂直に打ち込まれているが、５・６では頭部から20㎜程度の箇所で釘本体が折り曲げられている。意図的なものか打ち損じかは不明。16は鉄釘本体が木質に対して直行せず、斜め方向に打ち込まれていたものとみられる。２～６でみれば、鉄釘はわずかに頭部が見える程度まで打ち込まれた状態であったとみられるが、９はこれらよりもさらに打ち込まれた状態であり、頭部が木質本体にめり込んでいる。
　木質の形状などは不明だが、鉄釘に遺存する木質の境目を確認することができ、２・３より25～30㎜、４・５より20㎜程度の厚さのものが存在したとみられる。８・９では木質の境目を確認することができないため具体的な数値を示すことができないが、２～５よりも厚い木質を用いていたものとみられる。

Ｓ２（第16図、図版８-１）
　Ｓ２より出土した遺物は、不明鉄製品１点、鉄釘７点である。このうち、１～２はＳ２上部より、３～８はＳ２下部より出土した。
　１は、不明鉄製品である。くの字状に曲げられた座金に鉸具を通し、座金本体を釘で木製の本体に打ち付けたものとみられる。座金の角度は鋭角であり、この鉄製品が固定された本体の形状の一部を反映しているものとみられよう。遺構と共伴遺物からみて、棺金具の可能性がある。
　２～８は鉄釘である。頭部は方形を呈するが、３・４では頭部を曲げて作り出すために頭部根元が細くなっている。
　確実に木質に打ち込まれているものは４に限定される。この木質は現状で厚さ40㎜が遺存するが、端部を確認することができないため、木質はより厚い物であったことがわかる。打ち込まれた状態の釘は、頭部がわずかに見える程度であったとみられる。

Ｓ３（第17図、図版８-２）
　Ｓ３より出土した遺物は、鉄釘11点である。このうち、１～９はＳ３下部より、10～11はＳ３上部より出土した。
　Ｓ３の鉄釘は全体的に鉄釘本体の遺存状況及び付着する木質の状況が明らかである。
　１～３は完形の鉄釘である。１・２は全長84㎜、脚部最大幅５㎜。３は全長92㎜、脚部最大幅５㎜。いずれも木質の境界が明瞭に確認することができるが、このうち厚さのわかる上部木質は厚さ27㎜程度である。１・２は上部の木質の木目が釘の軸に対し直行し、下部の木質の木目は釘の軸に対して平行となる。

一方で、3は上下の木目はともに釘の軸に対して直行する。1・2と3は別の面に使用されたものとみられよう。

4・5は上記の鉄釘にくらべやや小型の鉄釘である。共に先端部を欠くが、概ね70㎜程度の全長になるものと思われる。この2点にのこる木質の木目は上下ともに鉄釘の軸に対して直行し、板の方向としては3に近い。だが、厚さのわかる上部木質は厚さ18㎜程度であり、3よりやや薄い。

6は、斜めに打ち込まれた鉄釘である。先端部を欠くため全長は不明である。鉄釘の法量としては4・5に近い印象を受けるが、遺存する上部木質は厚さ30㎜程度で、むしろ1～3に近い。遺存する木質の木目はいずれも鉄釘の軸に対して直行し、3に近しいものとみてよいだろう。

7はやや大型の鉄釘片とみられるが頭部を欠く。鉄釘の太さや木質の木目方向などは1・2と同一であり、概ね同様の位置に使用されたものとみられる。

8～11は、やや細い鉄釘片である。これらの木目はいずれも鉄釘の軸に対して直行し、4・5と近しいものとみられる。

Ｓ６（第18・19図、図版９）

Ｓ６より出土した遺物は鉄板1点、鉄釘11点である。

1は鉄板である。端部を若干欠くが、概ね全体像を知ることができる。全長280㎜、最大幅220㎜、厚さ1.5㎜。一部で有機質の帯とみられる痕跡があるが、それは小さな鋲を用いて鉄板に固定されているように見

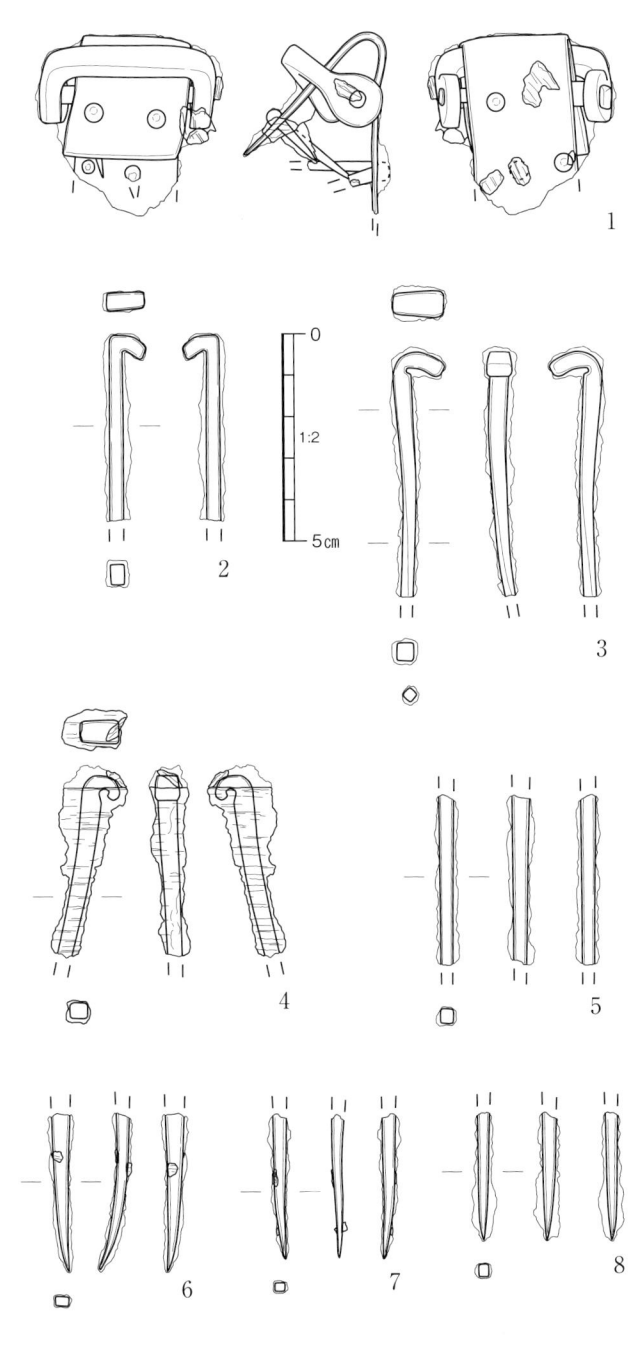

第16図　Ｓ２出土品実測図

受けられる。有機質の帯を用いて鉄板を締めて固定した痕跡だろうか。鋲は鋲頭径3㎜弱。現状では斜め方向に打たれたものとみられる。

用途については墓誌や買地券が考えられたため、赤外線写真撮影も行った。だが、特記するべき事項は確認できなかった。

2～12は鉄釘である。いずれも小型の鉄釘であるように見受けられる。2・3は完形の鉄釘である。2は全長57㎜、脚部最大幅6㎜。3は全長44㎜、脚部最大幅4㎜。頭部はいずれも正方形に近い方形を呈する。木質の状況が良好ではないが、2では上部木質が厚さ30㎜程度であることが確認できる。3は木質が付着するものの、その単位は不明瞭である。

4～12は鉄釘片である。いずれも一部を欠いている。板状に広がるの木質の付着はなく、木質の固定に使用されていたかどうかは定かではない。ほとんどはまっすぐな鉄釘だが、9のみ先端がやや曲がっている。

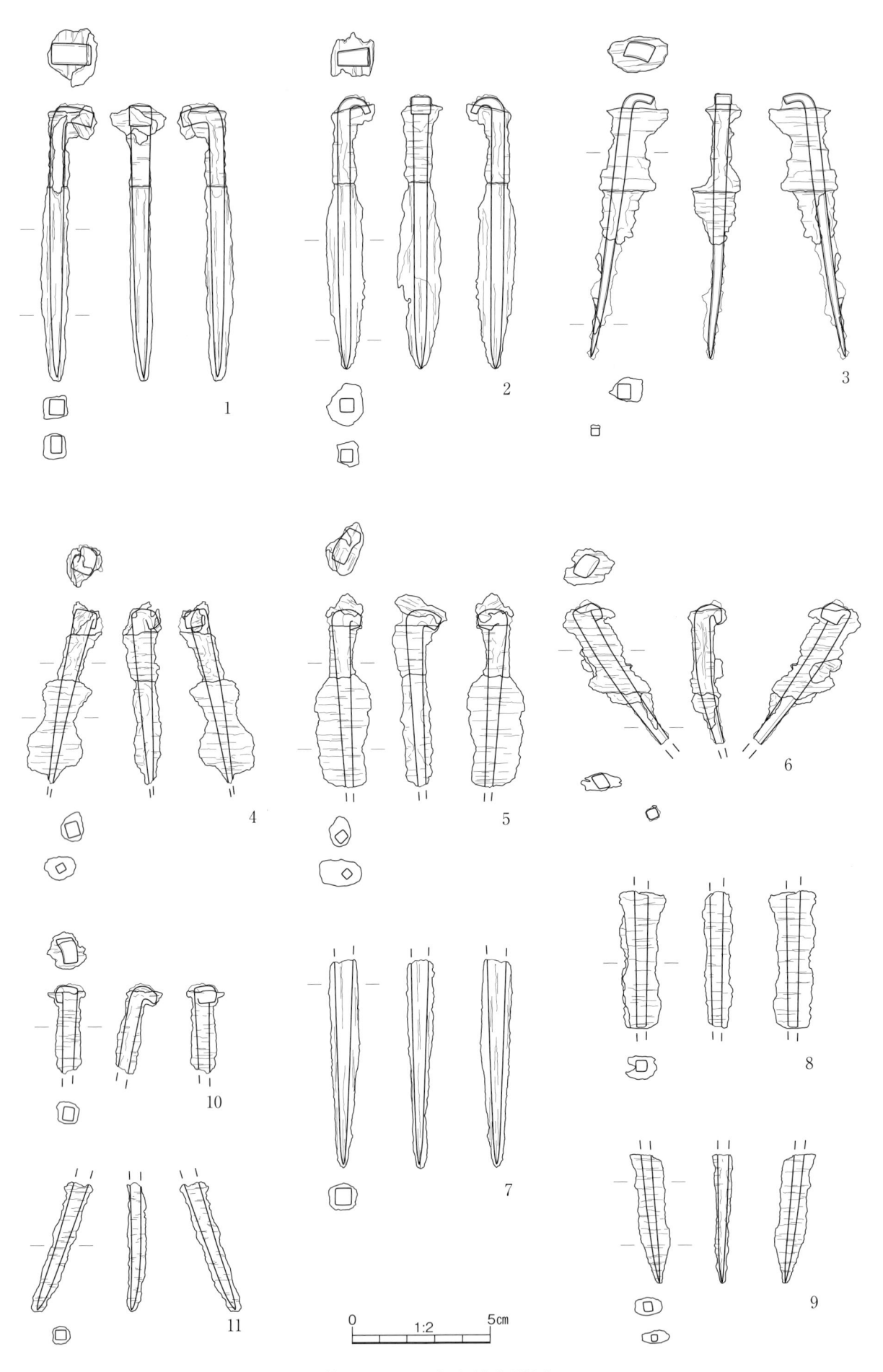

第17図　S3出土品実測図

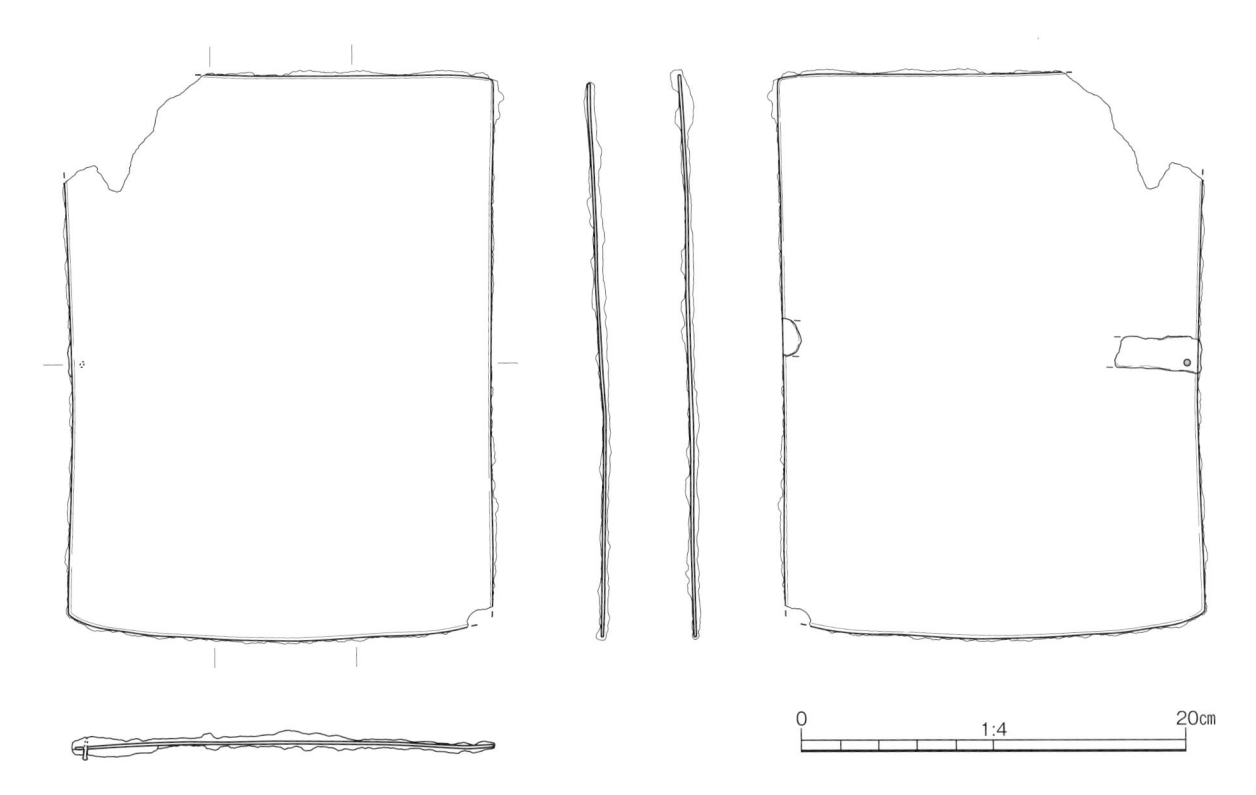

第18図　S6出土品実測図1

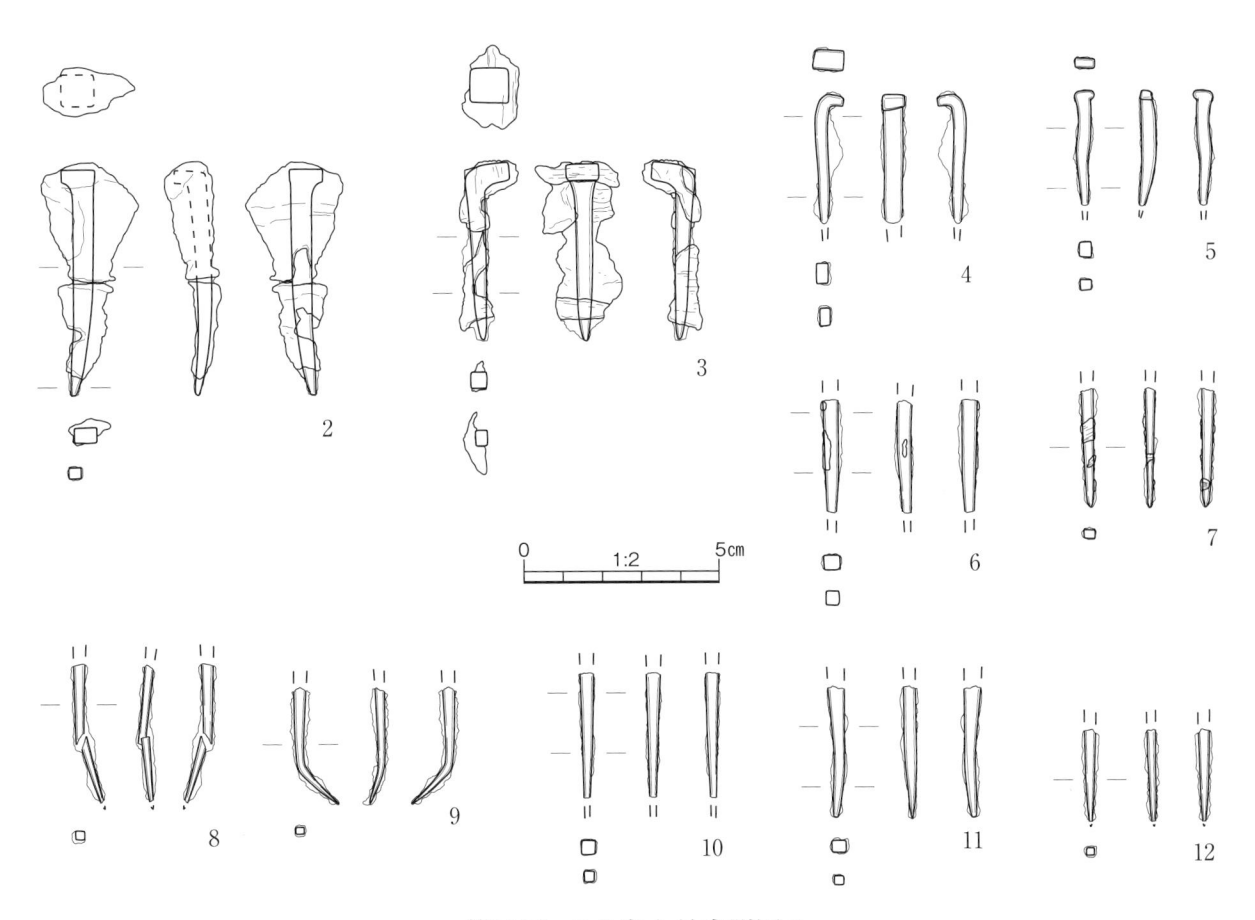

第19図　S6出土品実測図2

― 29 ―

S8（第20図、図版10-1）

　S8より出土した遺物は、鉄釘23点である。このうち1〜7はS8上部より、7〜23はS8下部より出土した。

　1は、右側端部を欠くため全体の形状は明らかにし得ない。だが、上面側からみて、木質の合わせ目らしきラインが確認できること、および左側脚部に遺存する木質で合わせ目が認められないことから、釘ではなく鎹である可能性がある。

　2は完形の鉄釘である。全長54㎜、脚部最大幅3㎜。頭部形状は方形を呈する。下半部が曲げられている。木質等の遺存がなく、打ち込まれていた釘なのかどうかは明らかにし得ない。

　3は鉄釘片とみられるが頭部と脚部先端を欠くため全体像が不明である。ただし、木質に対して斜め方向に打ち込まれていることが確認できる。

　4〜7は鉄釘片である。いずれも破片であり、全体像は明らかではない。いずれも脚部最大幅2〜3㎜程度である。木質の遺存はない。

　8・9は完形の鉄釘である。8は全長108㎜、脚部最大幅5㎜。9は全長109㎜、脚部最大幅5㎜。いずれも頭部は方形を呈する。脚部に木質の遺存がわずかに認められるが、木質か遺構内の木炭の両者の可能性がある。

　10・11は、鉄釘の頭部である。頭部は方形を呈するが、薄い板状のものである。わずかに木質の遺存が認められる。

　12は、頭部と脚部先端を欠くため全体の形状は不明である。木質の木目に対してやや斜め方向に打ち込まれたものであるが、その木質には合わせ目が認められない。全体像が不明なため確定することはできないが、1のように鎹であった可能性もあるだろう。

　13〜23は鉄釘片である。いずれも頭部もしくは脚部を欠く。全体像は不明な一群であるが、小型の鉄釘が多いように見受けられる。木質が確認できる者は少なく、木質に打ち付けられたものかどうかは不明である。

S9（第21図、図版10-2）

　S9より出土した遺物は、鉄釘1点である。

　1は、鉄釘である。先端部を欠くが、木質に打ち込まれている状態で良好に遺存している。この鉄釘は、木質に対して斜め方向に打ち込まれており、頭部も曲げられた状態になっている。

S17（第22図、図版10-3）

　S17より出土した遺物は、鉄釘5点である。

　1は完形の鉄釘である。全長40㎜、脚部最大幅5㎜。頭部は脚部側に向かって細くなる台形を呈する。木質等の遺存は認められない。

　3・4は僅かに脚部を欠く。頭部は台形状を呈し、頭部先端が下方向に曲げられている。3は全体に木質が遺存しており、木質に鉄釘が打ち込まれていたことが確実である。だが、木質には合わせ目等は見当たらないため、木材の連結に用いられたものではない可能性もある。4は木質の遺存は確認できていない。側面形がおおきく湾曲している。

　2は頭部と脚部先端を欠く。木質等の遺存も認められない。4と同様に大きく湾曲する。

　5は頭部と脚部先端を欠く。一部に木質が良好に遺存しており、木質に打ち込まれていたことが確認できる。

S39（第23・24・25図、図版10-1・10-2）

　S39より出土した遺物は、鉄板1点、留め具1点、鉄釘31点である。

　1は完形の鉄板である。全長328㎜、最大幅176㎜、厚さ1.5㎜である。先述したS1の鉄板に比べてや

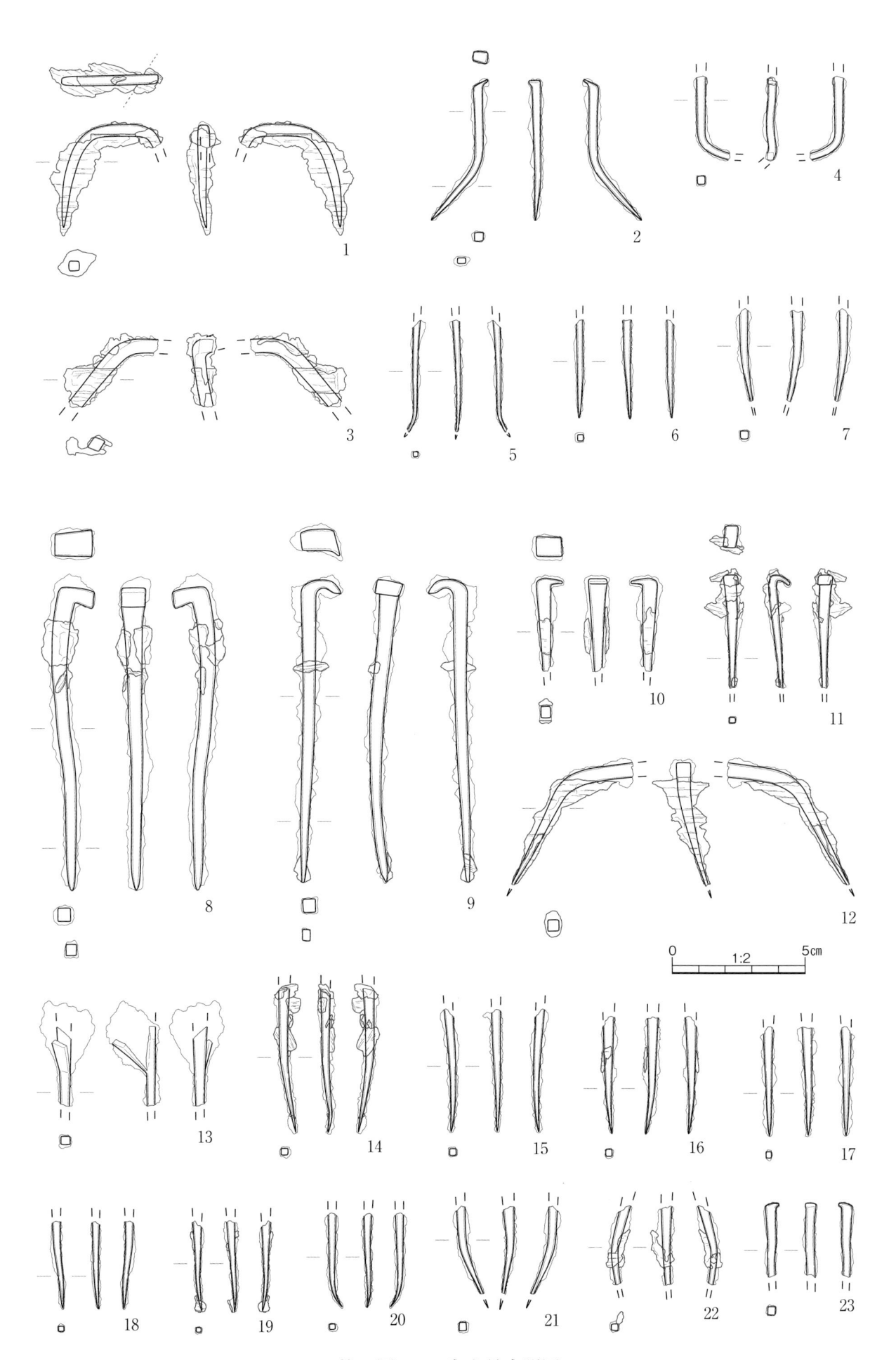

第20図　S8出土品実測図

や縦長の印象を受ける。土圧の影響であろうか、大きく曲がっている。

　有機質が良好に遺存している。上部には樹皮とみられる帯状の有機質があり、その上には布の痕跡らしきものも確認できる。その下には材質は不明だが、帯状のラインがX線ラジオグラフ等でも確認できる。鉄板が縛られて固定されていた可能性もあるだろう。更にその下には、鉄板の長軸に直行する木目の木質が確認できる。

　X線ラジオグラフで、孔らしき痕跡を多数確認している。だが、不確実なものも含まれると判断したため、今回は図示していない。
墓誌や買地券などの用途が想定されたため、赤外線写真撮影を行った。だが、特記するべき事項は確認できなかった。

　2は留め具である。環を作り出した鉄製の棒をワッシャーを介して有機質の孔に通し、鉄製棒の脚先端を折り曲げて固定したもの。環は内径7㎜。ワッシャーは16㎜×18㎜の方形で、厚み1㎜の鉄製である。挟み込んだ有機質は遺存していないため不明であるが、木などの可能性があるだろう。環に通されたものの材質についても不明である。

　3～6は木質に確実に打ち込まれていた鉄釘である。中でも3は脚先端をやや欠くものの、概ね完形である。残存長61㎜、脚部最大幅3㎜。頭部は方形を呈する。いずれの個体も木質の合わせ目を確認することはできておらず、複数の木質の連結に使用されたものかどうかは明らかにし得ない。3は木質の木目に対して直行して打ち込まれているが、4～6は斜めに打ち込まれている。

　7は2本の鉄釘が錆着したものである。ただし、横向きの鉄釘は錆の影響により先端の形状が曖昧であるため、釘かどうか判断に迷うところである。

　8～10は完形もしくはそれに近いの小型の鉄釘である。8は全長31㎜、9は残存長32㎜、10は全長24㎜。脚も短く、明確な木質の遺存もないことから、木質の連結用に

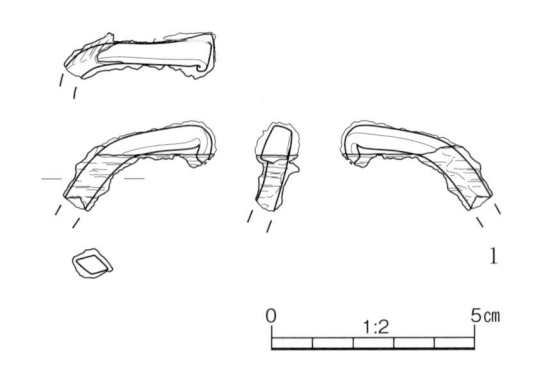

第21図　S9出土品実測図

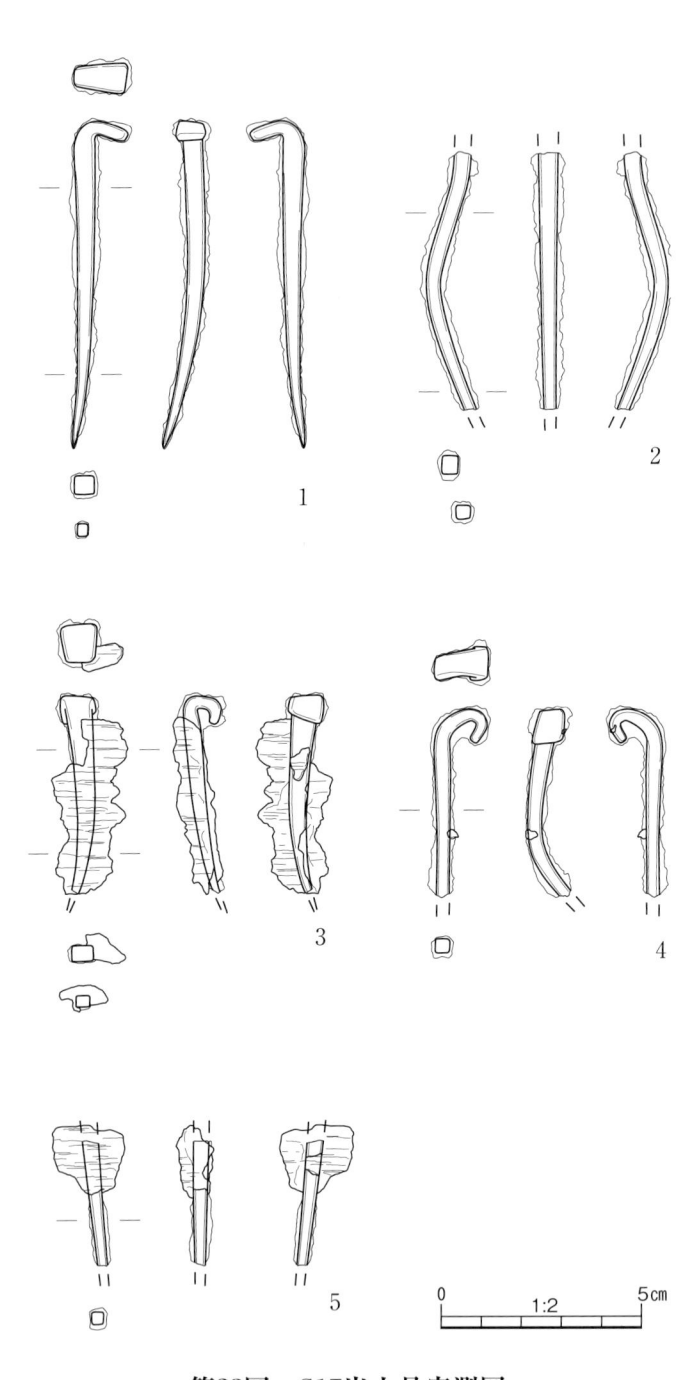

第22図　S17出土品実測図

― 32 ―

打ち込まれたものかどうかは明らかにし得ない。

11〜33は鉄釘片である。やや太いものから小型なものまでバリエーション多いが、接合関係を持たないため実数を把握するには至っていない。まっすぐな形状のものとやや曲がったものとがあるが、28〜33は特にその曲がりが極端であり、意図的に曲げられたものである可能性もある。

S43（第26・27・28図、図版12-1）

S43より出土した遺物は、鉄板1点、鉄釘3点である。

1は鉄板である。部分的に欠損している箇所があるが、概ね全体像を把握できる。全長296㎜、最大幅180㎜、厚さ1㎜。形状はS39に近く、やや縦長の長方形を呈する。

一部で有機質の痕跡が確認できる箇所があるが、S39でみられたような鉄板を縛る帯状のものかどうかは確定することができない

X線ラジオグラフで孔らしき痕跡が多数存在する可能性を指摘できるものの、やや不明確な箇所も多い。そのため孔については図示していない。

用途としては、墓誌もしくは買地券の可能性があったため、赤外線写真撮影を行っている。だが、特記するべき事項は確認されなかった。

2〜4は鉄釘片である。2は小型の鉄釘であり、残存長32㎜。木質が良好に遺存しており、木質に打ち付けられていたことが確実である。ただし、木質には合わせ目が確認できておらず、木質の連結に用いられたものではない可能性もある。3は2よりも大型の鉄釘である。木質は断片的に認められるものの、いずれも遺構内の木炭かと思われ、木質に打ち込まれていたものかは不明である。

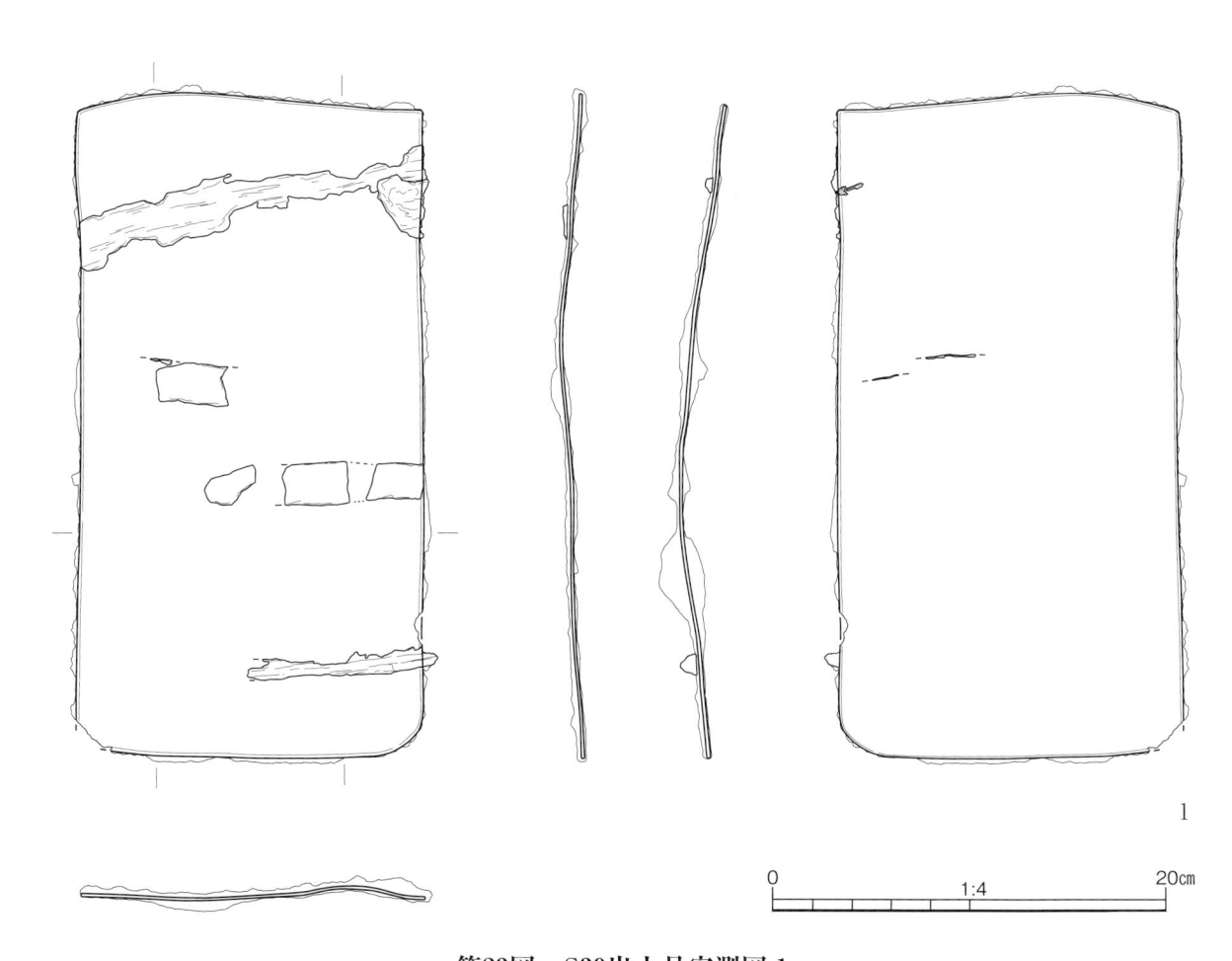

第23図　S39出土品実測図1

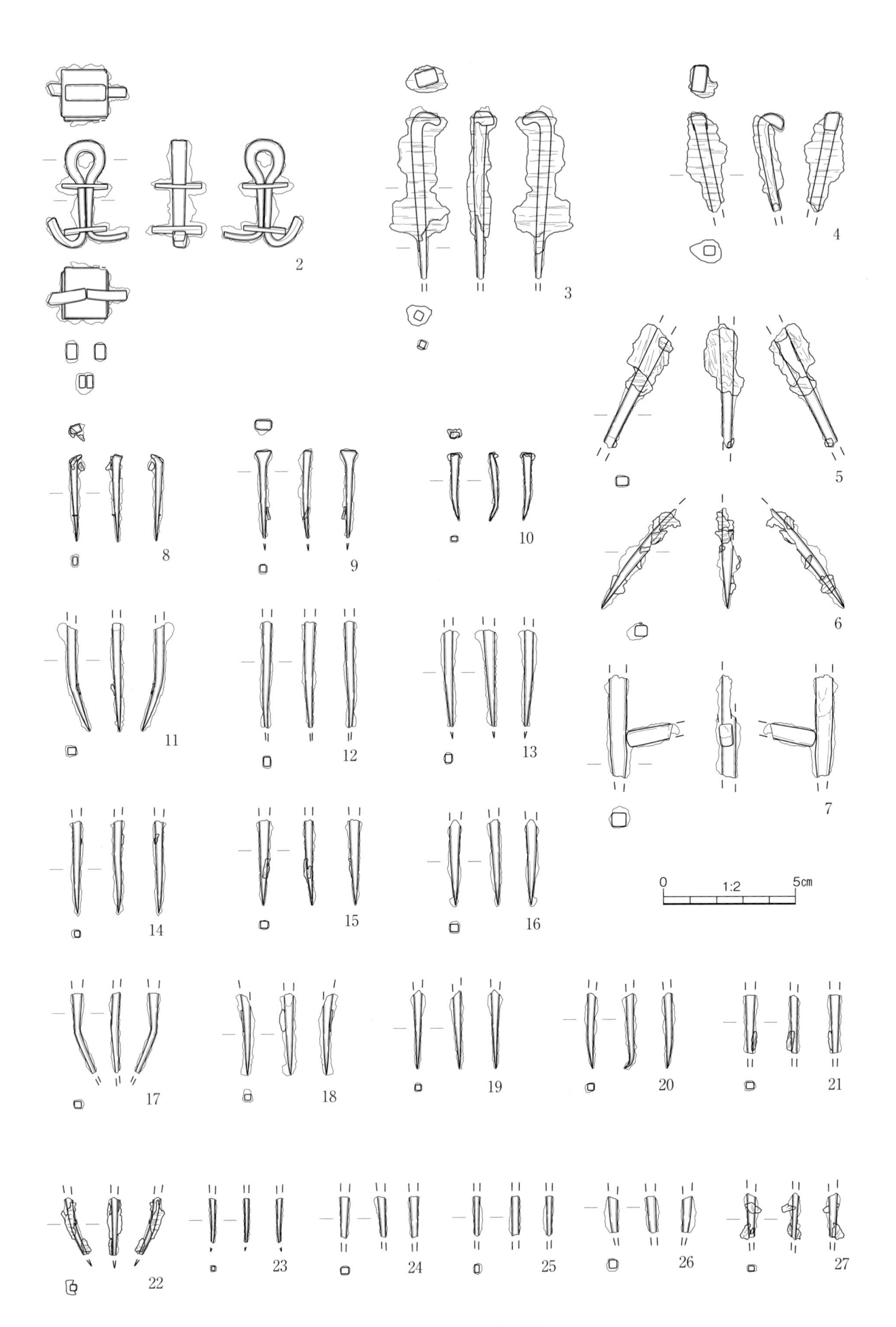

第24図　S39出土品実測図2

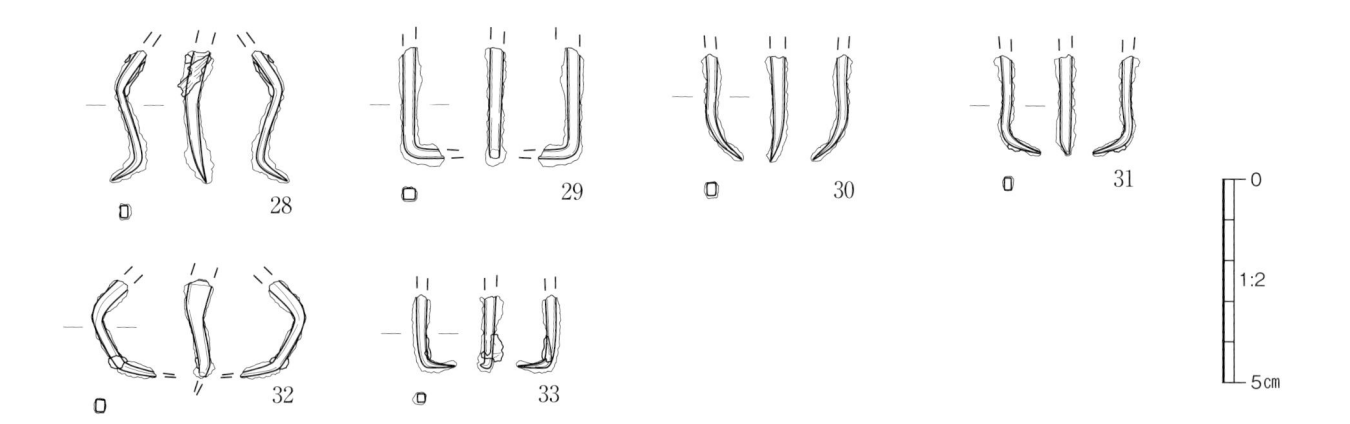

第25図　S39出土品実測図3

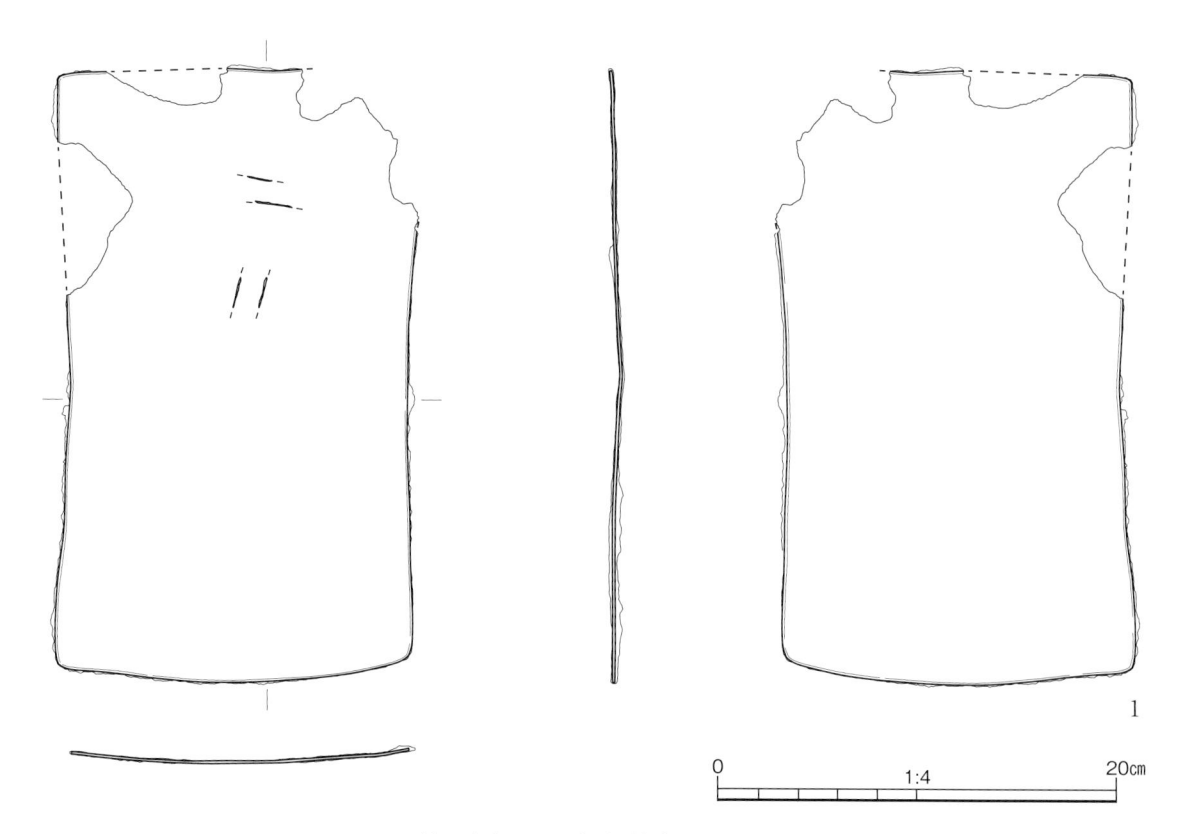

第26図　S43出土品実測図1

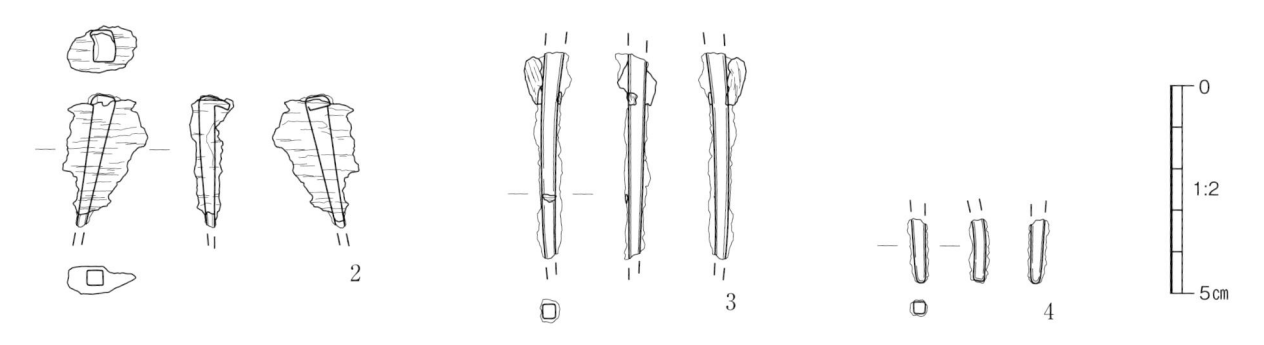

第27図　S43出土品実測図2

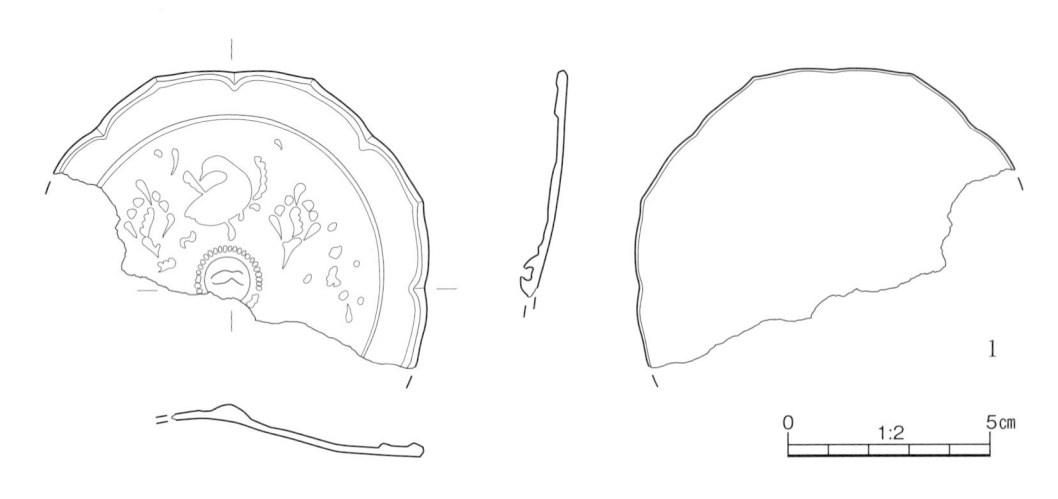

第28図　表採鏡片実測図

表採資料（第28図、図版13-1、13-2）

　表採資料としては、鏡1点がある

　1は、外縁部の形状が8弁の花弁形を呈する八稜鏡である。下半部を欠き、大きく変形していることから、土圧等の影響を著しく受けているものとみられる。

　内区の文様は、不鮮明ながら部分的に確認できる。上部中央には鳥が羽を広げ、その左右に花とみられる文様を対称に配する。紐の周辺には列点による圏線がめぐる。鳥や花の詳細な表現まで確認するには至らないが、文様が密に描かれているような印象は受けない。

（初村武寛／公益財団法人元興寺文化財研究所）

第2節　分析報告

はじめに

　木炭槨内の木炭について放射性炭素年代測定を行った。また、木炭槨に納められた木棺に付属すると考えられる鉄釘に木質の付着が見られたため、放射性炭素年代測定および樹種同定を行った。さらに、八稜鏡の成分分析と鉛同位体比測定を行った。

　分析した遺物の番号と分析項目を第2表にまとめた。

　なお、放射性炭素年代測定は名古屋大学年代測定総合研究センターの中村俊夫教授、鉛同位体比測定は別府大学文化財研究所の平尾良光教授による。また、樹種同定は（公財）元興寺文化財研究所の木沢直子と山田卓司、成分分析と本章の執筆は川本耕三が担当した。

第2表　遺物の分析項目

分析項目	遺物名称	遺物番号
放射性炭素年代測定	木炭	SX1、SX6、SX39、SX43から各4点
	釘付棺材	No.11-14、13-3
樹種同定	釘付棺材	No.7-3、11-14、13-3、14-14
成分分析（蛍光X線分析）	八稜鏡	No.16
鉛同位体比測定	八稜鏡	No.16

1．木炭と釘付棺材の放射性炭素年代測定

　木炭槨内の木炭および鉄釘に付着した棺材について、その年代を明らかにすることを目的として、加速器質量分析（AMS）法による放射性炭素（^{14}C）年代測定を行った。

1．1．分析原理

　天然の炭素は、放射性の炭素原子（^{14}C）と安定な炭素原子（^{12}C及び^{13}C）からなる。記号Cは炭素を表し、左肩の数字は質量数を表す。試料炭素に含まれる^{12}C、^{13}Cおよび^{14}Cの個数の比率と試料の年代にはどのような関係があるのか。^{12}Cおよび^{13}Cは安定な炭素であり、それらの個数は不変である。一方、^{14}Cは放射性の炭素原子であり、時間が経つと崩壊して別の元素（窒素）に変わってしまう。この放射性崩壊は物理学の原理に基づき規則正しく起こる。^{14}Cの放射性崩壊の速さは、1年あたり^{14}Cの個数が0.0121％だけ減少することに相当する。従って、放射性崩壊は正確な時計として利用でき、この崩壊による^{14}Cの減少量を測ることで、試料が形成されてからの経過時間がわかる。これが^{14}C年代測定の原理である（Arnold and Libby 1949; 中村2003a）。炭素は生物に含まれる主要元素の一つであることから、生物に由来するさまざまな物質に含まれている。従って、さまざまな炭素を含む物質が^{14}C年代測定の対象となる。

　^{14}Cは宇宙から降ってくる宇宙線の作用により地球の大気中で生成される。^{14}Cは酸化されて二酸化炭素（$^{14}CO_2$）となり、大気中に存在する他の二酸化炭素（$^{12}CO_2$、$^{13}CO_2$）とよく混合して、^{14}C濃度（^{12}Cに対する^{14}Cの割合）が一定になったあと、光合成、食物連鎖により生物体内に移行する。宇宙線による^{14}Cの生成が時間的に変動しなければ、崩壊により減少する^{14}Cの個数と生成される個数とが釣り合って、地球上の^{14}Cの個数は時間的に変動しない。このため、炭素試料の^{14}C初期濃度はほぼ一定であり、試料の年代と試料中に残存している^{14}C濃度との関係はほぼ指数関数で表される。^{14}Cの半減期は5730±40年であることから、様々な炭素含有物質のうち炭素固定を行った時期が数万年前より新しいものではまだ^{14}Cが残っており、その^{14}C濃度を測定することで炭素固定の年代が測定できる。

1．2．分析方法

　1）**分析試料**　木炭試料は鉄板を出土した4遺跡、すなわち、S1、S6、S39、および、S43と命名された遺構から出土した複数個の木炭から1個体ずつ袋に詰めて、遺跡毎に4個体を採取したものである（写真44）。試料のリストを表2に示す。試料の枝番号はそれぞれ異なる木炭片である。

　木片は錆びた釘に付着していた2個の棺材片（写真45、S1およびS3）から採取した。両者とも錆で

写真44　木炭（左：S43-1、右：S43-4）

写真45　釘付棺材（左：S1-13、右：S3-6）

全体が赤茶け、木片試料とはいえ粉末状であった。

　2）**^{14}C年代測定のための試料調製**　木炭試料の年代測定のための試料調製は中村（1999）による。その概要を以下に述べる。木炭試料をカッターナイフを用いて微細片に割取り、必要量を100mlビーカーに移し、万一使われた可能性のある接着剤などを除去するためにアセトンを用いて超音波洗浄を数時間かけて数回くりかえした。さらに、蒸留水を用いて超音波洗浄を数回繰り返し試料表面の汚れを除去した。次に、1.2規定塩酸を用いて、80℃で一昼夜の加熱処理をした。蒸留水で洗浄して塩酸分を除去し、1.2規定の水酸化ナトリウム水溶液を用いて、80℃で一昼夜の加熱処理をした。この水酸化ナトリウム水溶液による処理は、必要に応じて水溶液を交換しながら一昼夜の加熱処理を数回繰り返した。次に、1.2規定塩酸を用いて80℃で一昼夜の加熱処理を2回繰り返したあと、蒸留水で洗浄して塩酸分を完全に除去し、90℃で乾燥した。

　乾燥した木炭試料から約6 mg程度を分取し、それを約500mgの線状酸化銅と共に外径9 mmの石英管に入れ、真空ラインに接続して排気したあと封管した。これらの試料を電気炉内で900℃にて約4時間加熱して、試料中の炭素を燃焼して二酸化炭素に変えた。真空ライン中で、液体窒素（沸点：－196℃）、液体窒素により冷却したペンタン（融点：－128℃）、およびエタノールと液体窒素の混合物（約－100℃）を寒剤として用いて水分やイオウ酸化物などを除去して二酸化炭素を精製した。回収された二酸化炭素の量は表2に示すように炭素にして3.7～4.3mgで、炭素の収率は60～72％とほぼ一定の値を示した（第3表）。この収率は、木炭試料についての平均的な値である。

　棺材から採取した木片を含む粉末試料についても同様な酸―アルカリ―酸による洗浄を行った。棺材は錆びており風化が著しかったため、アルカリ処理は0.2規定の水酸化ナトリウムを用いて短時間の処理を行ったのみである。これらの木片を含む粉末試料を燃焼して得られた二酸化炭素の量は、TG11-14で0.20 mg C、TG13-3で0.29mg Cと少なく（第3表）、後続のグラファイト作製、AMSによる^{14}C測定は出来なかった。

　3）**グラファイトの合成**　木炭試料について回収された二酸化炭素の一部（炭素にして1.7mg程度）について、外径9 mmの石英管内で約3 mgの鉄粉末を触媒として、620℃にて水素で還元してグラファイトを得た。次に、鉄粉混じりのグラファイトを90℃で数時間乾燥したのちアルミニウム製の試料ホルダーに圧

第3表　滋賀県多賀町大谷遺跡出土木炭試料及び棺材木片試料の^{14}C年代と較正年代

No.	試料番号	試料材料	化学処理後の試料重量 (mg)	回収されたCO$_2$の重量 (mgC) (%)	δ^{13}C* (‰)	^{14}Cage(BP)	^{14}C年代を較正した暦年代 (Reimer et al.2009) ** 暦年範囲（±2σ）, (probability)	測定番号 (NUTA2-)
1	SX1-1	木炭	5.91	3.74 (63.3%)	-25±1.0	1189±27	calAD 728-736 (1.0%) calAD 771-896 (91.9%) calAD 923-940 (2.5%)	21176
2	SX1-2	木炭	5.90	4.00 (67.8%)	-25.5±1.0	1153±20	calAD 780-791 (3.4%) calAD 806-904 (54.2%) calAD 914-969 (37.9%)	20952
3	SX1-3	木炭	6.17	4.03 (65.3%)	-25.5±1.0	1092±27	calAD 892-1013 (95.4%)	21177
4	SX1-4	木炭	6.02	4.31 (71.6%)	-26.2±1.0	1185±28	calAD 728-736 (0.8%) calAD 771-898 (90.0%) calAD 920-946 (4.6%)	21178
5	SX6-1	木炭	6.02	4.08 (67.8%)	-22.8±1.0	1180±20	calAD 776-894 (94.2%) calAD 928-934 (1.2%)	20953
6	SX6-2	木炭	6.10	4.09 (67.0%)	-24.4±1.0	1146±20	calAD 782-788 (1.4%) calAD 811-846 (8.1%) calAD 856-973 (85.8%)	20954
7	SX6-3	木炭	5.94	4.18 (70.4%)	-24.9±1.0	1151±27	calAD 780-792 (4.0%) calAD 805-972 (91.4)	21179
8	SX6-4	木炭	5.88	3.82 (65.0%)	-25.4±1.0	1144±27	calAD 781-790 (2.4%) calAD 808-976 (93.0%)	21180
9	SX39-1	木炭	5.98	4.06 (67.9%)	-24.9±1.0	1100±28	calAD 888-996 (94.0%) calAD 1006-1012 (1.4%)	21181
10	SX39-2	木炭	6.07	3.95 (65.1%)	-26.2±1.0	1112±28	calAD 879-994 (95.1%) calAD 1008-1011 (0.3%)	21185
11	SX39-3	木炭	5.90	4.16 (70.5%)	-26.1±1.0	1116±28	calAD 870-994 (95.0%) calAD 1006-1012 (0.4%)	21186
12	SX39-4	木炭	5.97	3.85 (64.5%)	-26.6±1.0	1095±28	calAD 890-1014 (95.4%)	21187
13	SX43-1	木炭	6.02	4.07 (67.6%)	-24.9±1.0	1089±24	calAD 893-996 (92.7%) calAD 1005-1012 (2.7%)	21195
14	SX43-2	木炭	5.94	4.16 (70.0%)	-25.5±1.0	1070±24	calAD 896-923 (19.7%) calAD 940-1020 (75.7%)	21196
15	SX43-3	木炭	6.00	3.75 (62.5%)	-23.5±1.0	1278±25	calAD 670-776 (95.4%)	21197
16	SX43-4	木炭	6.01	4.08 (67.9%)	-24.7±1.0	1091±24	calAD 892-996 (93.2%) calAD 1005-1012 (2.2%)	21198
17	TG11-14	棺材の木片	7.23 (茶褐色粉末)	0.21 (2.77%)		炭素不足で測定不可		
18	TG13-3	棺材の木片	(茶褐色粉末)	0.29 (？)		炭素不足で測定不可		

*) δ^{13}C = [(^{13}C/^{12}C)$_{sample}$/(^{13}C/^{12}C)$_{PDB}$ − 1.0]×1000(‰),
ここで、PDBはPee Dee Belemnieの略記で炭酸カルシウムからなる矢石類の化石であり、^{13}C/^{12}C比の標準体として用いられる。このδ^{13}Cは、AMSによって測定された値であり、誤差はほぼ±1‰と見積もられる

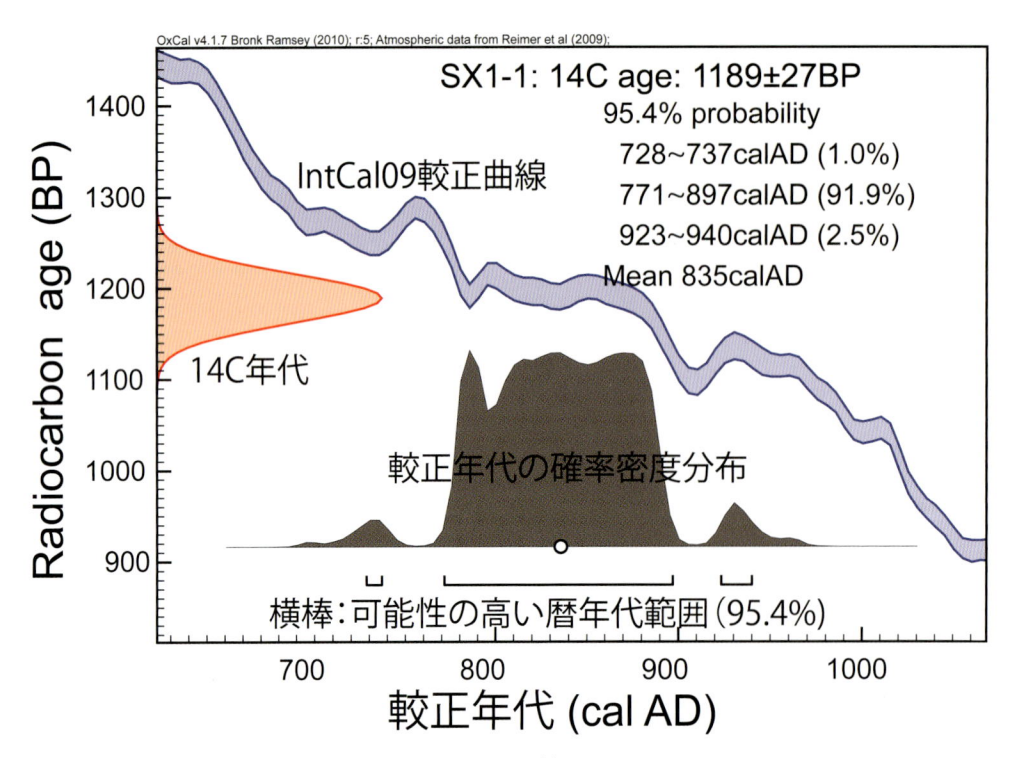

第29図　OxCal4.1プログラムによる試料 S1-1 の^{14}C年代（1189±27BP）の暦年較正の結果

較正により得られた確率密度のうち、2標準偏差の可能性の範囲は calAD728〜940 の間に飛び飛びに広がっている。〇印は、較正年代の平均値を表す。

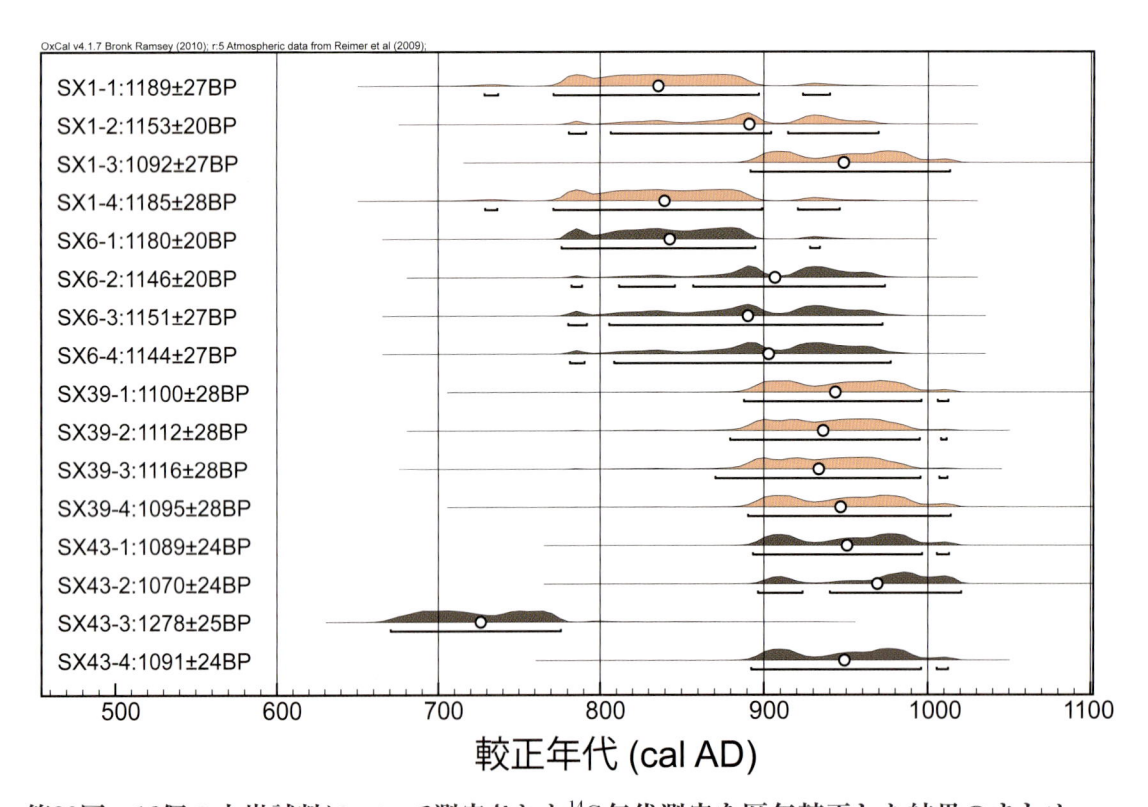

第30図　16個の木炭試料について測定された^{14}C年代測定を暦年較正した結果のまとめ

各試料について暦年較正の結果得られた確率密度分布を示す。確率密度が高いほど可能性は高い。〇は、それぞれの較正年代の平均値を示す。これらの木炭が同じ年代を示すとすれば、木炭の較正年代として、おおよそ9世紀半ばから10世紀前半にかけての年代が推定される。

縮封入し、炭素同位体比測定に用いる試料としてタンデトロン加速器質量分析計のイオン源に装填した。

　^{14}C 年代測定に不可欠な ^{14}C 濃度が既知の標準体としては、米国国立標準技術研究所（NIST）から提供されている国際的な標準体であるシュウ酸（NIST-SRM-4990C(HOxII)）を用いた。さらに、試料調製過程および加速器質量分析計による ^{14}C 測定における試料以外からの外来炭素混入の効果を補正するために、^{14}C を全く含まないはずの炭素含有物質としてキシダ化学㈱製の特級シュウ酸（2水和物）試薬（57952）を用いた。両シュウ酸の約14mgを約500mgの線状酸化銅と共にパイレックス管に入れて排気したあと封管し、500℃にて2時間加熱することによって完全に燃焼して二酸化炭素を得た。次に、年代測定試料の場合と同様にして真空ラインを用いて二酸化炭素を精製したあと、約1.5mgの炭素に相当する二酸化炭素からグラファイトを合成し、これをアルミニウム製の試料ホルダーに圧縮封入して ^{14}C 年代測定のための ^{14}C 濃度標準体および ^{14}C ブランク補正用標準体として用いた。

　4）加速器質量分析計による ^{14}C 年代測定と暦年への較正　上述のようにして、木炭試料およびシュウ酸標準体から調製した固形の炭素試料についてタンデトロン加速器質量分析計を用いて ^{14}C 年代測定を行った（中村2001）。タンデトロン分析計では、^{14}C と ^{12}C の存在比（$^{14}C/^{12}C$ 比（=R））が未知試料（Rsample）と ^{14}C 濃度が既知の標準体（RAD1950）とについて測定され、Rsample/RAD1950比が得られる。また、タンデトロン分析計では $^{13}C/^{12}C$ 比も測定できる。測定されたRsample/RAD1950比について、^{14}C ブランクの補正を行い、さらにタンデトロン分析計で測定された $\delta^{13}C$ を用いて炭素同位体分別の補正を行ったのち、試料の ^{14}C 年代値（conventional ^{14}C age（同位体分別補正 ^{14}C 年代））を算出した（第3表、中村2001；2003b）。^{14}C の半減期としては、国際的な慣例に従って、Libby の半減期5568年を用いた。^{14}C 年代値は西暦1950年から遡った年数としてBP（before present）を付けて与えられ、誤差は1標準偏差を示す。

　得られた同位体分別補正 ^{14}C 年代を、^{14}C 年代—暦年代較正曲線（IntCal09, Reimer et al. 2009）および較正プログラム OxCal4.1（Bronk Ramsey 2009）を用いて暦年代に較正した（第3表）。較正年代は、暦年代に相当する年代として calAD で示してある。cal（calibrated）は較正された年代を示す略記である。較正年代は2標準偏差で、可能性の範囲とその相対的確率で示される（第3表）。試料 SX1-1 の較正年代の確率分布をだい第29図に示す。また、16点の試料の較正年代の確率分布をまとめて第30図に示す。較正年代の可能性の範囲は、IntCal09較正曲線の凸凹な変動（第30図）に応じて複数個存在することがある。第29図、第30図中の「○」印は、それぞれの試料の較正年代の平均値を表す。

1.3. 結果と考察

　今回、墳墓群である大谷遺跡から出土した木炭試料16点を測定した結果、S1、S6墓とS39、S43墓の較正年代を比較すると、前者は後者に比べて50～100年程度古いように思われる。しかし、これらの木炭試料がほぼ同じ年代を示すものとすれば、その較正年代は、おおよそ9世紀半ばから10世紀の前半にかけての年代を持つ可能性が高い。すなわち、日本では8世紀初頭に始まったとされる火葬について、大谷遺跡ではその1～3世紀経た後の火葬であることが示唆されることから、割と古い段階の火葬であることが明らかとなった．

　なお、S43-3の木炭試料は他と比較して100～200年も古い暦年代を示している。通常、炭焼きは10～30年生の樹木を用いて行われると思われるため、S43-3試料がS43墓の他の3点の年代から200年以上も古い年代を示すことは考えられない。恐らく、何らかの理由で古い木炭が混入したものと推察される。

　既述のとおり、鉄釘に付着した棺材については得られた炭素量が少なく、AMSによる ^{14}C 測定は出来なかった。

(中村俊夫／名古屋大学年代測定総合研究センター)
「滋賀県多賀町に在る墳墓群である大谷遺跡から出土した木炭及び棺材木片の放射性炭素年代」

参考文献

・Arnold, J.R. and W.F. Libby (1949) Age determination by radiocarbon content: checks with samples of known age. Science, 110, 678-680.
・Bronk Ramsey, C. (2009) Bayesian analysis of radiocarbon dates. Radiocarbon, 51 (1), 337-360.
・中村俊夫（1999）放射線炭素法．考古学のための年代測定学入門、長友恒人（編）、古今書院、1-36.
・中村俊夫（2001）放射性炭素年代測定とその高精度化．第四紀研究、40 (6), 445-459.
・中村俊夫（2003a）放射性炭素年代測定法と暦年代較正．環境考古学マニュアル、松井章編著、同成社、301-322.
・中村俊夫（2003b）加速器質量分析（AMS）による環境中およびトレーサ放射性同位体の高感度測定．Radioisotopes, 52 (3), 144-171.
・Reimer, P.J., Baillie, M.G.L., Bard, E., Bayliss, A., Beck, J.W., Blackwell, P/G., Bronk, R.C., Buck, C.E., Burr, G.S., Edwards, R.L., Friedrich, M., Grootes, P.M., Guilderson, T.P., Hajdas, I., Heaton, T.J., Hogg, A.G., Hughen, K.A., Kaiser, K.F., Kromer, B., McCormac, F.G., Manning, S.W., Reimer, R.W., Richards, D.A., Southon, J.R., Talamo, S., Turney, C.S.M., van der Plicht, J., Weyhenmeyer, C.E. (2009) IntCal09 and Marine09 radiocarbon age calibration curves, 0–50,000 years cal BP. Radiocarbon, 51(4), 1111–1150.

2．釘付棺材の樹種同定

鉄釘に付着した棺材について、樹種を明らかにする目的で樹種同定を行った。

2．1．分析原理
採取した木材組織を拡大観察し、その種類を特定する分析法である。

2．2．分析方法
1）**分析試料**　鉄釘に付着した棺材 No.7-3、11-14、13-3、14-14（写真46）を試料とした。
2）**顕微鏡観察による同定**　微量の破片を採取し、同定に必要な木口面、柾目面、板目面の3方向を、徒手による破断またはメスやカミソリの刃で表出させた。

実体顕微鏡【ライカ MZ16】で観察面の確認を行った後、走査型電子顕微鏡（SEM）【日立製作所 S-3500N】で早材部から晩材部への移行を木口面で観察し、樹種に特有な放射組織の分野壁孔の型や数、螺旋肥厚の有無などを柾目面で観察することによって樹種を同定した。

写真46　釘付棺材（左上：S1-13、右上：S3-6、左下：S17-3、右下：S39-3）

2．3．結果と考察
試料の木材組織は顕微鏡写真（写真47～50）の通りである。以下に樹種同定結果とその根拠となる木材組織の特徴について記す。樹木分類は『原色日本植物図鑑木本編』（Ⅱ）に従った。

(1)**釘付棺材（S1-13）…ヒノキ亜科 Cupressaceae Subfam. Cupressioideae（ヒノキ科 Cupressaceae）**
SEMによる観察を行なった結果針葉樹である。木口面では仮道管が見られるが、試料に年輪界は含まれないため早材から晩材への移行の特徴は不明である。。水平樹脂道は確認できない。放射組織は単列で6～8細胞高である。柾目面において分野壁孔はヒノキ型の特徴が見られることからヒノキ属（ヒノキ、サワラ）、アスナロ属（アスナロ）などを含むヒノキ亜科の材と考えられる。

　植生分布：温帯、暖帯。
　樹形：常緑高木。樹高30m、胸高直径1mに達する。
　用途：建築、彫刻、家具、器具、船、漆器 等。
　出土事例：建築材、器具材（紡織具、下駄、箸、刀剣鞘）、容器（折敷、曲物、桶、底板）等。

(2)**釘付棺材（S3-6）…針葉樹**　試料の劣化が激しく同定は困難であった。放射組織および有縁壁孔が見られることから針葉樹である。木口面では仮道管が見られるが試料に年輪界は含まれず、樹脂細胞の有

無や早材から晩材への移行の特徴は不明である。放射組織は単列で3～5細胞高が見られる。柾目面において分野壁孔の特徴も不明瞭であるため樹種の識別は困難である。

　(3)**釘付棺材（S17-3）… 針葉樹**　SEMによる観察を行なった結果針葉樹である。木口面では仮道管が見られるが、試料に年輪界は含まれず、樹脂細胞の有無や早材から晩材への移行の特徴は不明である。水平樹脂道は確認できない。板目面では放射組織が単列で6～11細胞高である。柾目面において分野壁孔の特徴も不明瞭であるため樹種の識別は困難である。

　(4)**釘付棺材（S39-3）… 針葉樹**　SEMによる観察を行なった結果針葉樹である。木口面では仮道管が見られるが、試料では年輪界が不明瞭であるため樹脂細胞の有無や早材から晩材への移行の特徴は不明である。水平樹脂道は確認できない。柾目面において分野壁孔はヒノキ型の特徴が見られるほか、板目面と柾目面にラセン肥厚らしき部分が確認できることからイチイ科の材である可能性もある。試料の条件により識別が困難であるため針葉樹とする。

参考文献
・北村四郎、村田源1979　『原色日本植物図鑑・木本編』Ⅱ
・佐伯浩1982　『走査電子顕微鏡図説 木材の構造』
・島地謙・伊東隆夫1982　『図説木材組織』

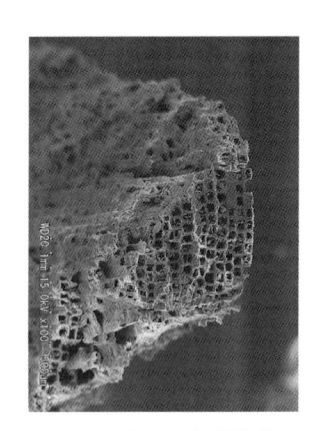

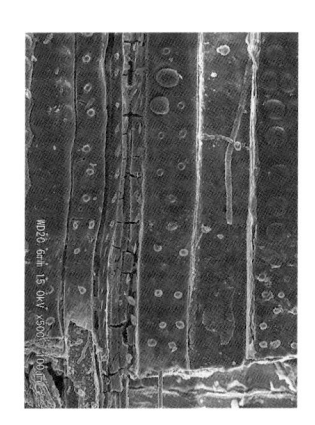

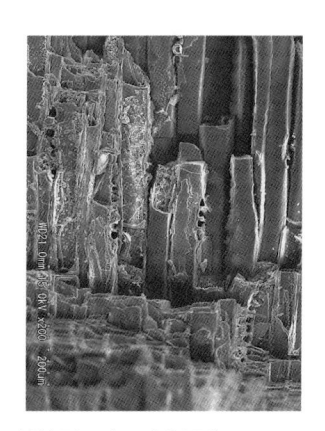

写真47　釘付棺材S1-13の木材組織（左：木口面、中：柾目面、右：板目面）

写真48　釘付棺材S3-6の木材組織（左：木口面、中：柾目面、右：板目面）

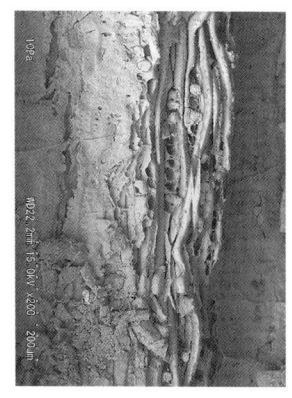

写真49　釘付棺材 S17-3の木材組織（左：木口面、中：柾目面、右：板目面）

写真50　釘付棺材 S39-3の木材組織（左：木口面、中：柾目面、右：板目面）

3．成分分析（蛍光Ｘ線分析法（XRF））

八稜鏡の成分分析を行い、鉛同位体比測定に適した資料であることを確認した。

3．1．原理

蛍光Ｘ線分析法は、試料の微小領域にＸ線を照射し、その際に試料から放出される各元素に固有の蛍光Ｘ線を検出することにより元素を同定する成分分析法である。

3．2．方法

1）**試料**　八稜鏡の鏡面と鏡背、計5箇所（第31～35図）の成分分析を行った。

2）**蛍光Ｘ線分析装置による成分分析**　エネルギー分散型蛍光Ｘ線分析装置【SIIナノテクノロジー SEA5230】を用いて、大気中でφ1.8mmのコリメータと45kVの管電圧で180秒間測定を行った。なお、Ｘ線管球はモリブデン（Mo）である。

写真51　大谷遺跡出土八稜鏡の分析箇所

3．3．結果と考察

写真51に示した八稜鏡の分析箇所ａ～ｅのXRFスペクトルを第31～35図に掲げた。八稜鏡からは銅（Cu）、ヒ素（As）、鉛（Pb）を強く、スズ（Sn）、銀（Ag）、アンチモン（As）をごく弱く検出したことから、鉛同位体比測定に適していると考えられた。

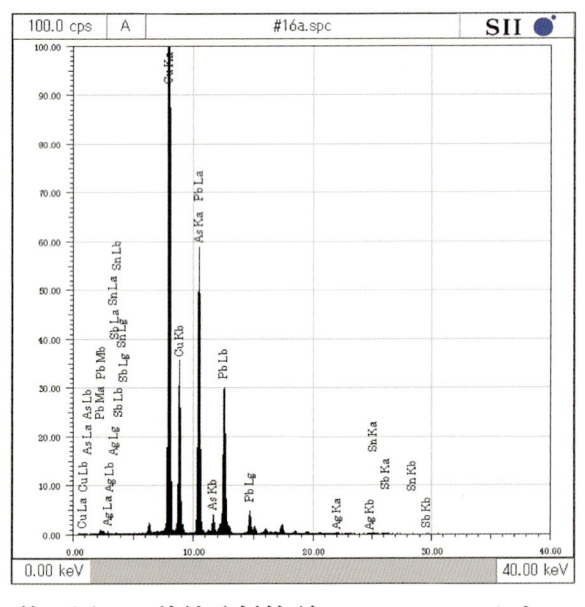

第31図　八稜鏡分析箇所ａのXRFスペクトル 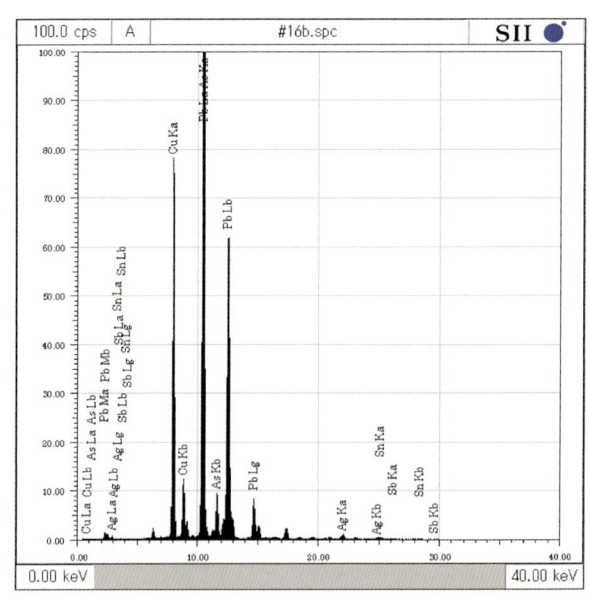　　第32図　八稜鏡分析箇所ｂのXRFスペクトル

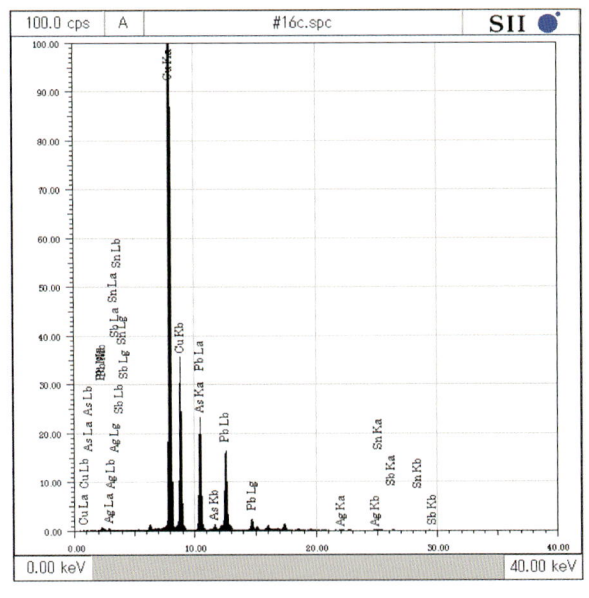

第33図　八稜鏡分析箇所 c の XRF スペクトル

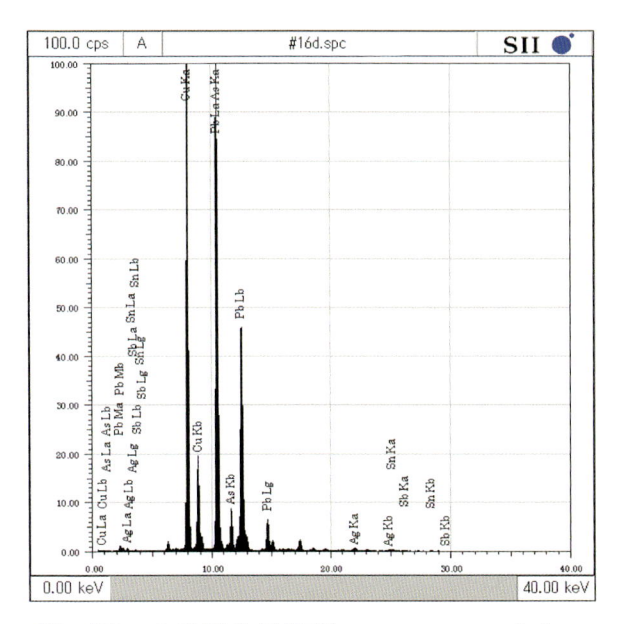

第34図　八稜鏡分析箇所 d の XRF スペクトル

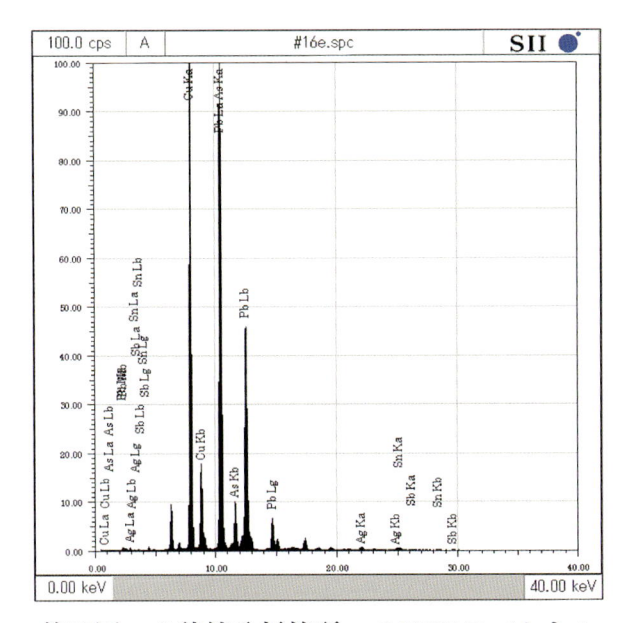

第35図　八稜鏡分析箇所 e の XRF スペクトル

4．鉛同位体比測定

　滋賀県の琵琶湖東岸に位置する犬上郡多賀町富之尾の大谷遺跡から出土した八稜鏡は共伴遺物から平安時代後半の資料と推定されている。八稜鏡（№16）の写真51に矢印で示した箇所から採取した試料の鉛同位体比を測定し、材料の産地に関する調査を行った。

4．1．化学組成

　蛍光X線分析法とは測定したい試料にX線を照射することで試料から2次的に発生するX線のエネルギーと数とを測定し、写真38のようなスペクトル図を作り、元素の種類と濃度を解析する方法である（中井2005、望月1998）。

　資料の金属組成に関して、鏡のような大きな製品を鋳造する場合、部位により鋳造時に高温で熔けた青銅が固まるまでの時間に差異が出るため、元素濃度に偏析と呼ばれる差を生ずることがある。たとえば、一般的には湯口付近と湯口から遠い場所では化学組成が異なる場合があり、化学組成の測定結果から全体の金属組成を判断するためには測定された濃度を慎重に取り扱う必要がある。また、錆が発生すれば、錆の化学組成は金属部分とは大きく異なるので、化学組成を表面から測定する蛍光X線分析法では錆の厚さや種類で大きな違いが出ることを考慮しなければならない。今回の鏡資料は全体が厚い錆に覆われているので、正確な化学組成を得るためには金属部分を露出して測定しなければならない。しかし資料の錆層が厚く、これを取り去ることは鏡の保存と展示上の問題として、必ずしも得策とは思われない。そこで、化学組成は鉛同位体比測定のために採取した錆の化学組成を測定し、おおまかな傾向だけを判断することとした。今回、蛍光X線分析のために使用した機器は別府大学に設置されているSIIナノテクノロジー社製の蛍光X線分析装置SEA5230Aである。

4．2．鉛同位体比法の原理

　鉛同位体比法は鉛を構成する4種類の安定同位体の比が鉱床の成因によって各鉱山や鉱床毎に異なることを利用して、文化財資料に含まれる鉛の産地を推定する方法である。鉛には4種類の安定同位体（^{204}Pb、^{206}Pb、^{207}Pb、^{208}Pb）があり、このうち、204Pbは地球が生成されて以降、地球上の絶対量には変化がない。しかし、他の3つの同位体はウラン（U）・トリウム（TH）から生成されるので、時間経過と共に増加する。^{206}Pbは^{238}Uから、^{207}Pbは^{235}Uから、^{208}Pbは^{232}Thから自然に生成され、付加される。ウラン・トリウムの量が多ければ多いほど、また共存していた時期が長ければ長いほど、それぞれの鉛の同位体の量が異なって増加する。地球が生成されたときにあった岩石中に鉛とウラン・トリウムが共存していれば、各鉛同位体の比は時間と共に順次変化する。地球の歴史のある時に地殻変動などでこの鉛が抽出され、鉱山ができるとすると、その時の年代や、鉛鉱山の源となった母岩の化学組成などによって鉛同位体比はそれぞれの鉱山で異なった鉛同位体比を示す（平尾・榎本1999、平尾・鈴木1999、平尾・早川・金・トム2001）。それ故に、鉛同位体比から鉛鉱山の違い、あるいは鉛の産地を示唆できる。

　最近になって鉛同位体法は文化財科学の分野でも利用されるようになり、日本の弥生時代の青銅器から、中世戦国時代の資料や江戸時代の資料にも応用されている（斉藤2001、平尾・榎本1999、平尾・鈴木1999、平尾・早川・金・トム2001）。

　文化財に利用された鉛の産地を推定するために、第37図（A式図）と第38図（B式図）で示されるような異なる鉛同位体比値を軸とした2種類のグラフを利用する。図で示されるように、これまでの先行研究から東アジア地域では日本領域、中国華北領域、中国華南領域、朝鮮半島領域が設定されている（平尾1997、平尾・早川・鈴木1999）。未知資料の鉛同位体比を測定し、両方の図で設定されている領域に含まれるか否か、もしくは付近に位置するか、といった点で資料に含まれる鉛材料の産地を推定する。

4．3．鉛同位体比測定方法

　本調査における八稜鏡の鉛同位体比測定を次の手順で行う。分析用試料を石英ビーカーに入れ、硝酸を

加えて溶かし、適量の蒸留水を加える。試料を溶かしたビーカーに白金電極を２枚加えて電極とする。２枚の白金板電極を用いて、電気分解法で陽極の白金板上に鉛を二酸化鉛として析出させる。析出条件は直流電圧２V、電流は５〜３mA、時間は１日である。鉛が析出した白金電極を取り出し、別の容器に移し、硝酸と過酸化水素水で鉛を溶かし、適量の蒸留水を加えて、鉛同位体比測定用の鉛溶液を作成する。ICP分析法を用いてこの溶液の鉛濃度を測定する。この溶液から200ngの鉛を含む溶液を取り出し、テフロン製の小容器（１ml容）に入れ、熱を加えて水分を蒸発させる。蒸発後、残った鉛に適量のリン酸とシリカゲルを加えて、レニウムフィラメント上に塗布して、質量分析計内にセットする。質量分析計の測定諸条件を整えて鉛同位体比を測定し、標準鉛 NBS-SRM-981 で規格化する（平尾・馬淵1989）。本調査では錆試料の２点を採取し、独立に鉛同位体比を測定する。

4.4．結果と考察

八稜鏡の化学組成に関して測定された蛍光X線スペクトルを第36図で示す。本鏡の錆の化学組成は銅を主体として鉛がかなり多く含まれている。錫はわずかに検出された。このことから本鏡には鉛入りの銅が利用されていると判断できる。錫がわずかしか含まれないことは青銅ではないことを示唆しており、今までの測定結果から中国鏡はすべて銅―スズ―鉛という鉛入り青銅を利用していることが示されており、銅‐鉛材料を用いた中国鏡はない。このことから日本産材料で製作されている可能性を示唆する。また、ヒ素が含まれており、中国産材料にはあまり見かけない。周囲の土から混入したと思われる鉄はそれほどおおきなピークとはなっていない。コンプトン散乱線が強く現れた理由は試料を紙で包んだままで測定しているので、紙の影響を受けたためであろう。

得られた化学組成から本鏡は鉛入り銅でできており、ヒ素もかなりの量が含まれていると示される。これらの化学組成から、本鏡の材料は日本産である可能性を示唆する。鉛濃度は見かけ上高いが、金属としてどのくらいの濃度で含まれているのかは錆を含んだ測定であるため、わからない。

測定された鉛同位体比値は表で示される。この値を第37図と第38図で示す。これらの表と図から今回測定された試料の２点の鉛同位体比値はほとんど一致している。このことは鉛同位体比を測定する際に、機器の問題や汚染・不注意による外部鉛が混入するような問題はなかったことを示唆し、鉛同位体比測定に機器の問題はなかったことを示唆する。そこで、次の考察には１点を利用する。

測定結果から本資料には日本産材料が利用されている可能性が高い。朝鮮半島産材料あるいは中国産材料である可能性は低い。本資料と今までに測定された日本で出土した平安時代資料が示す鉛同位体比とを第39図と第40図で比較する（平尾1997、平尾・早川・鈴木1999、平尾・馬淵1989）。この時代の資料とは皇朝十二銭や火熨斗・小金銅仏などであるが、図から八稜鏡は奈良時代や平安時代前期に用いられた材料とよく似た値を示す（斉藤2001、平尾2013、平尾・瀬川1997、平尾・榎本・早川1997）。

結果として、本鏡は奈良時代あるいは平安時代に日本産材料で製作され、日本で利用されたと判断される。

（平尾良光，西田京平／別府大学文化財研究所）

参考文献

・斉藤努2001: 日本の銭貨の鉛同位体比分析，「同位体・質量分析法を用いた歴史資料の研究」，斉藤努編，国立歴史民俗博物館研究報告86集，p65-128
・中井 泉2005 『蛍光エックス線分析の実際』，朝倉書店
・平尾良光1997 6．鉛同位体比，『薬師寺講堂重要文化財銅造薬師如来両脇士像修理報告書』（調査編），薬師寺編集，p52-75
・平尾良光2013 『文化財学へのいざない』，平尾良光先生古稀記念論集刊行会，p25-108
・平尾良光，榎本淳子1999 古代日本青銅器の鉛同位体比，『古代青銅の流通と鋳造』，平尾良光編，鶴山堂(東京)，p29-161
・平尾良光、榎本淳子、早川泰弘1997 長野県和手遺跡出土の火熨斗の科学的調査，『和手遺跡―カインズホーム建設に伴う緊急発掘調査報告書Ⅱ』，長野県塩尻市教育委員会，p37-49

・平尾良光、鈴木浩子1999　弥生時代青銅器と鉛同位体比，p163-208
・平尾良光、瀬川富美子1997　長野県御代田町川原田遺跡から出土した銅製火熨斗の科学的調査，『塩野西遺跡群川原田遺跡出土火熨斗の科学的調査—長野県北佐久郡御代田町川原田遺跡科学分析報告書—』，長野県御代田町教育委員会編，p5-13
・平尾良光、早川泰弘、金正耀、トム・チェイス2001　古代中国青銅器の自然科学的研究，「古代東アジア青銅の流通」，平尾良光編，鶴山堂（東京），p93-140
・平尾良光、早川泰弘、鈴木浩子1999　鉛同位体比の分析，「東大寺国宝金銅八角灯籠修理報告書」p47-63
・平尾良光、馬淵久夫1989　「表面電離型固体質量分析計VG Sector の規格化について」、『保存科学』28、17-24
・望月明彦1998　黒耀石の原産地を推定する蛍光X線分析法，「石器・土器・装飾品を探る」，『文化財を探る科学の眼－2』，平尾良光・山岸良二編，国土社（東京），p15-20

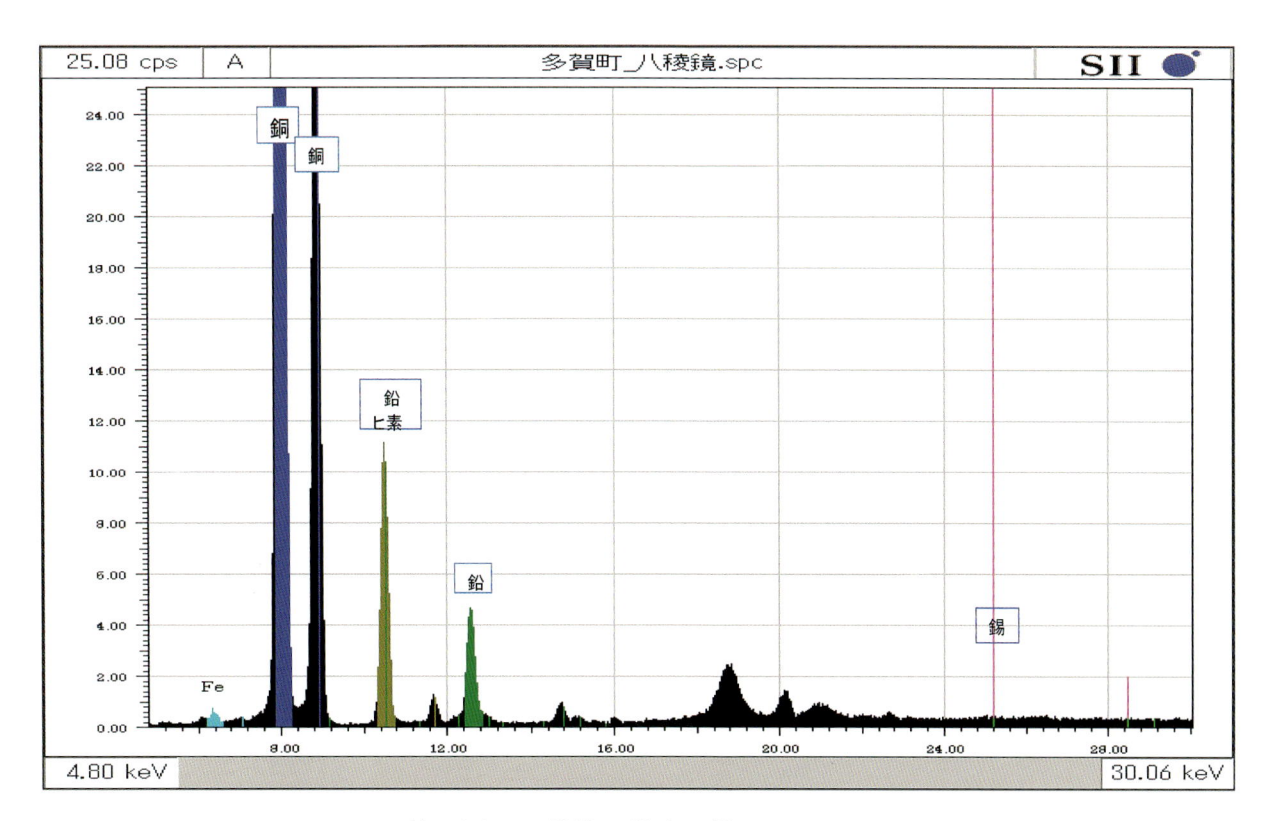

第36図　八稜鏡の蛍光X線スペクトル

第4表　八稜鏡の鉛同位体比値

資料名	206Pb/204Pb	207Pb/204Pb	208Pb/204Pb	207Pb/206Pb	208Pb/206Pb	分析番号
八稜鏡_A	18.373	15.553	38.330	0.8465	2.0862	BP5951A
八稜鏡_B	18.367	15.547	38.313	0.8464	2.0859	BP5951B
測定誤差	±0.010	±0.010	±0.030	±0.0003	±0.0006	

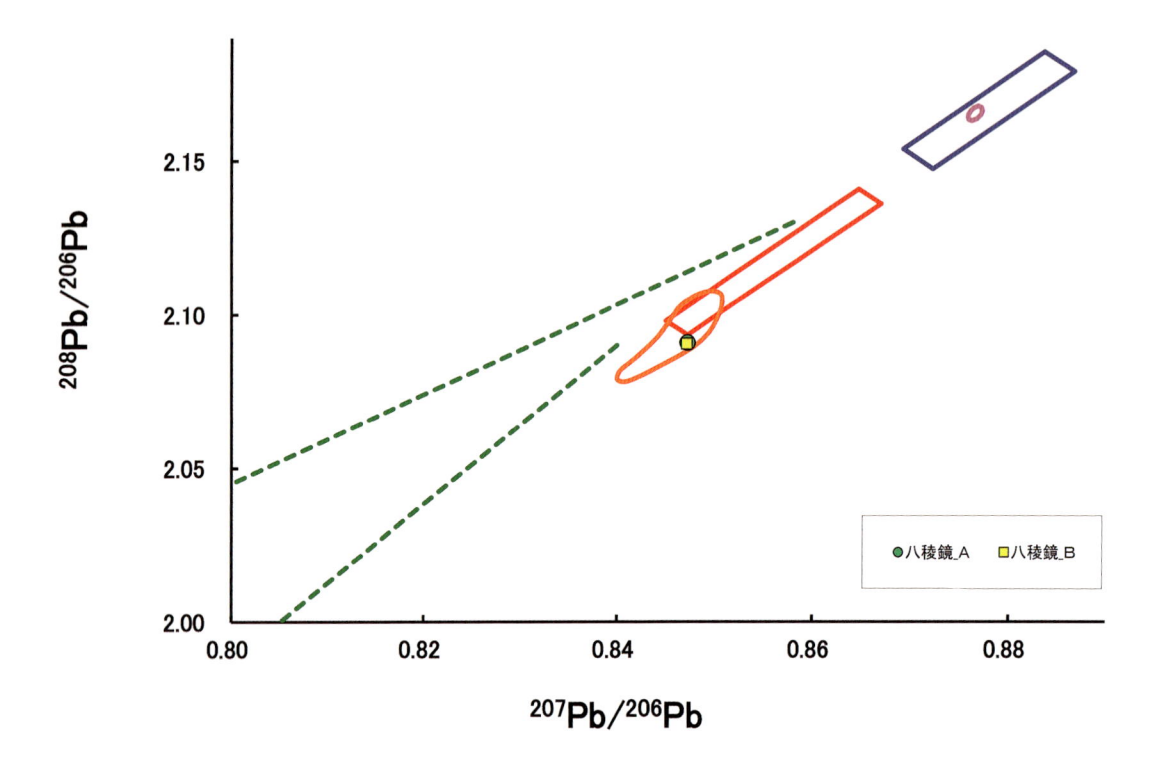

第37図　大谷遺跡出土八稜鏡の鉛同位体比（A式図）

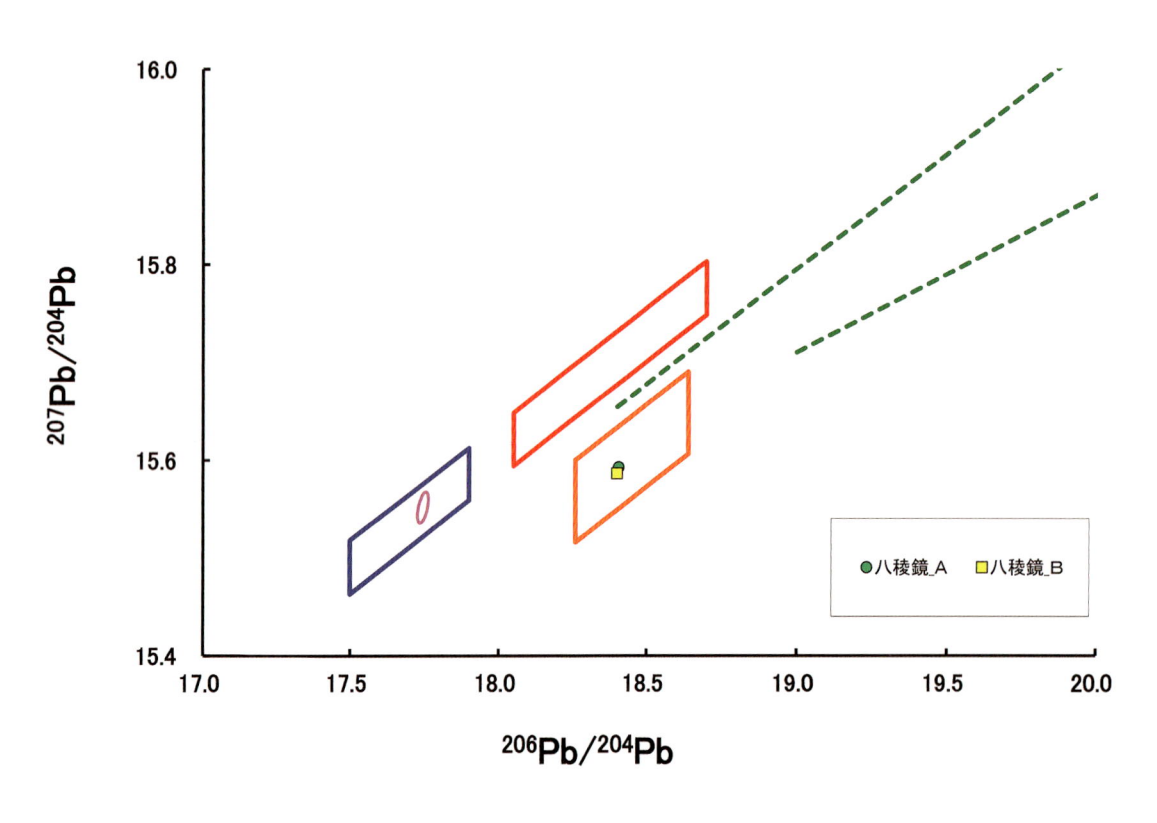

第38図　大谷遺跡出土八稜鏡の鉛同位体比（B式図）

― 52 ―

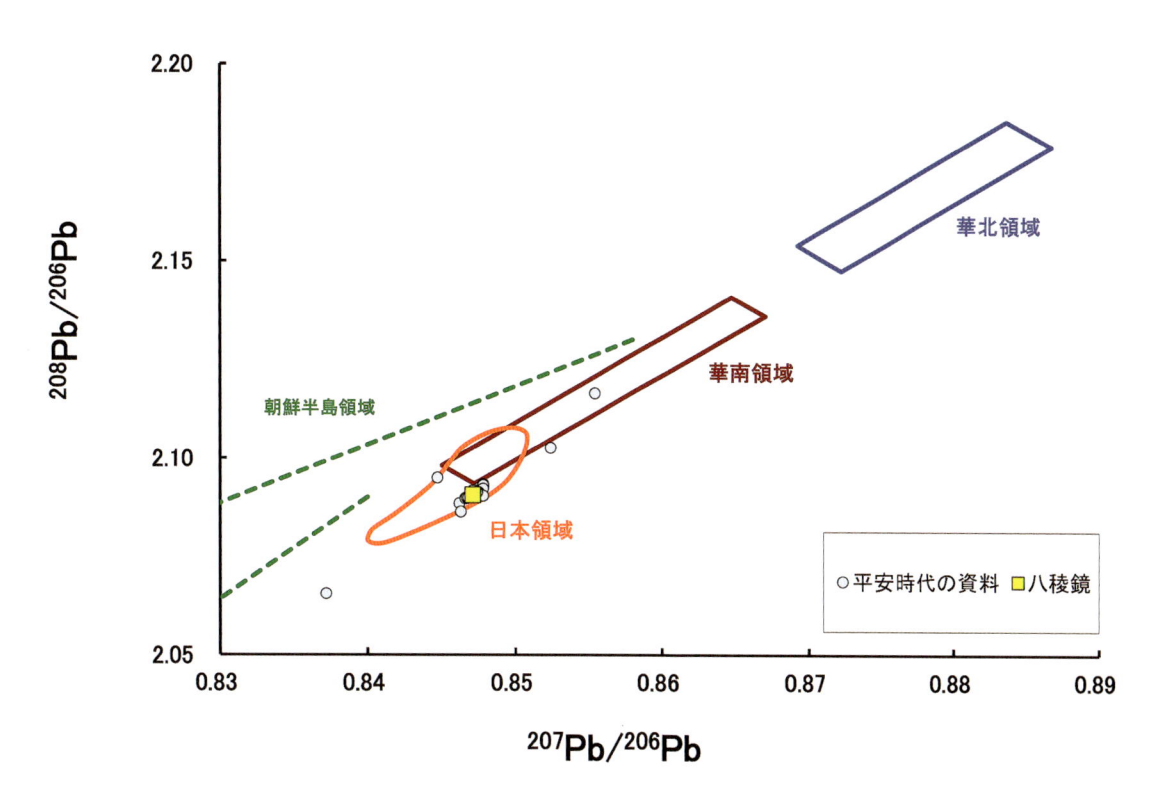

第39図　大谷遺跡出土八稜鏡と平安時代資料の鉛同位体比（A式図）

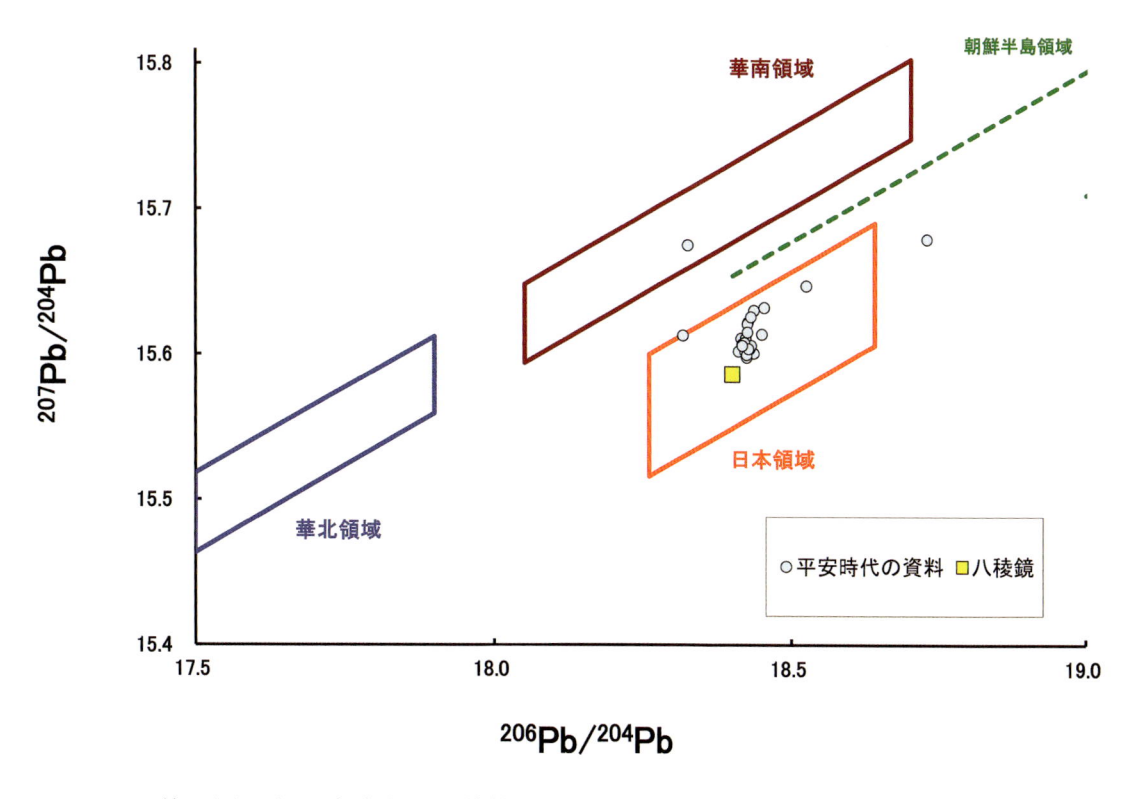

第40図　大谷遺跡出土八稜鏡と平安時代資料の鉛同位体比（B式図）

第3節　まとめ

　大谷遺跡は出土した土器と炭化物が詰まった土壙の状況から10世紀頃の群集墓と認識されている。今回の調査で大谷遺跡から鉄器が出土した遺構はＳ１、Ｓ２、Ｓ３、Ｓ６、Ｓ８、Ｓ９、Ｓ17、Ｓ39、Ｓ43の9遺構で、全ての遺構から木棺または木櫃に使用されたと推定される釘が出土している。特筆すべき点は墓と推定される土壙から鉄板が4枚出土した点である。ここでは大谷遺跡出土の鉄製品の保存処理と理化学的分析結果から知り得た知見を簡単に整理して、遺跡の復元を試みてまとめとしたい。

１．鉄板の寸法と分析結果

　鉄板はＳ１、Ｓ６、Ｓ39、Ｓ43の4遺構から1枚づつ出土した（第8図参照）。鉄板は4枚ともに長方形だが、Ｓ１は長辺288㎜×短辺196㎜、長／短比1.47、Ｓ６は長辺280㎜×短辺220㎜、長／短比1.27、Ｓ39は長辺328㎜×短辺176㎜、長／短比1.86、Ｓ43は長辺296㎜×短辺180㎜、長／短比1.64と寸法は同一ではない。

　鉄板はその用途が未だ確定していないが、最も有力な所見が墓誌または買地券である。今回、鉄板に文字が刻印または墨書きされていないか、Ｘ線ラジオグラフィおよび赤外線写真撮影を行ったがその痕跡は確認できなかった。しかし、今回の調査では鉄板の出土状況と保存処理の成果により、その固定方法がある程度判明した。

２．鉄板の出土状況

　発掘調査の記録と遺物の痕跡から鉄板の出土状況の復元を試みる。

　Ｓ１では棺の東側の長側板の北寄り中央位置に、鉄板の長辺方向を横向きに立った状態で出土した（写真18〜21）。この鉄板は土壙基底部から約3〜5㎝程度の厚みの木炭床の上で、土壙壁から約2㎝程度木炭の充填層が確認できる点と、若干、墓壙側に傾いていた点から、確定はできないが木棺の長側板に張付けていた可能性が高い。

　Ｓ６では、東側の側板中央付近の上側位置に、鉄板の長辺方向を縦向きに立った状態で出土した（写真26、27）。この鉄板は墓壙基底部から大分上に位置し、木櫃（棺）の木炭充填層上面被覆層から上半部が出ている状況で、裏込めの木炭層も薄く、櫃側に傾いていたことから、確定はできないが木櫃（棺）設置後に置かれた可能性が高い。

　Ｓ39では、東側の側板中央やや北寄りの位置に、鉄板の長辺方向を縦向きに立った状態で出土した（写真39）。この鉄板は土壙基底部の上に置かれ、底部側は土壙壁から約20㎝程度、上端部で約5㎝程度の木炭の充填層が確認できた。また、墓壙側に傾いていて中央部分で折損していたことから、確定はできないが、木棺の長側板に張付けていた可能性が高い。しかも、櫃の側板は薄く、土圧で変形し易かったためか、木櫃形状に屈曲があった可能性も想定できよう。

　Ｓ43では、北側の側板中央やや西寄りの位置に配置し、鉄板の長辺方向を縦向きに立った状態で出土した（写真40）。この鉄板は土壙基底部から約5㎝程度の厚みの木炭床の上で、土壙壁から約3㎝程度の薄い木炭充填層が確認できること、及び、若干墓壙側に傾いていて中央部分で折損していたことから、確定はできないが木棺の長側板に張付けていた可能性が高い。しかも、木櫃の側板は薄く、土圧で変形し易かったか、木櫃形状に屈曲があった可能性が高い。

３．鉄板の固定方法

　次に遺物の有機質痕跡からその固定方法について復元を試みる。

　Ｓ１の鉄板では表側の右下側に斜めに襷掛け状に有機質の帯跡が確認でき、上半分中央部には、左右方向に帯状の痕跡が確認された。しかし、裏面には有機質の痕跡は確認できなかった（第13図、図版7-1）。

確定は出来ないが紐状の有機質で棺に直接か、間に何らかの部材を介して固定されていた可能性が推定できる。また、X線ラジオグラフィから端部に数か所、孔の痕跡のような陰影も見え、その孔痕跡の位置に錆瘤があることから、確定できないがその孔痕跡が何らかの固定に使用されていた可能性も否定できない。

　Ｓ39の鉄板でも、表側に有機質の痕跡が明瞭に残り、裏面には確認できなかった。表側では上部に樹皮とみられる帯状の有機質痕跡（第23図、図版11-1）、その上に布の痕跡が認められ、中段にも帯状のラインの痕跡、下段にも帯状の木目の痕跡が確認できる。有機質で木櫃に直接か、間に何らかの部材を介して固定されていた可能性が推定できた。

　Ｓ43の鉄板でも、表側に有機質の痕跡が残り、裏面には確認できない（第26図、図版12-1）。明瞭ではないがＳ39同様に木櫃に固定されていた可能性が指摘できよう。

　注目すべきはＳ６の鉄板である。この鉄板では、表面では有機質の痕跡はなく、裏面中央部に短辺方向に有機質の帯の痕跡がある。しかも、それを小さな鋲を用いて鉄板に固定している（第18図、図版9-1）。他の鉄板とは反対であり、出土状況で記述したように、設置位置も木櫃の木炭充填層上面被覆層から上半部が出ている状況も他の鉄板とは違っている。この解釈として、木櫃埋納の際に鉄板が外れ、その後に鉄板のみ、再設置した時に表裏を間違って置いた可能性が推論されよう。しかし、この解釈はあくまで推論でしかなく、鉄板の設置方法は今後の類例の増加を待って再考するべきであろう。

４．棺・櫃構造の推定

　遺構の状況と出土鉄釘および、付着木質情報から棺・櫃構造の推定を試みたい。

　鉄釘の規格と出土数および、付着木質情報からＳ１とＳ３は組合せ式の木棺墓であった可能性が高い。鉄釘の出土位置とレベルが不明のため、正確な棺規格と構造は復元できないが、長方形の遺構プランで、木目方向から上部木質と下部木質に分かれる連結用の釘と、縦横の鉄釘の先端が交差する隅の連結用の釘の存在から、組合せ式の木棺であった可能性が高い。Ｓ１では、板厚が25㎜～30㎜と20㎜に、もっと厚い板の３種類以上の板の組合せであったことが解り、Ｓ３でも少なくとも27㎜と18㎜の２種類以上が存在し、Ｓ１よりやや小振りの木棺であった可能性があろう。鉄板の有無とＳ１が木炭を全面に敷き詰めていたのに対して、Ｓ３が床面にしか木炭が敷かれていなかった状況からも、何らかの差が存在していたことが伺えよう。

　樹種同定の結果、棺材はＳ１がヒノキ亜科、Ｓ３は劣化が激しく同定はできなかったが針葉樹であることが判明した。

　Ｓ２、Ｓ６（蓋には30㎜の厚板が使用されている）、Ｓ８（２本は大ぶりの釘ではあるが、木質が明確に確定できないので、棺や櫃に伴なうものとは確定できない。木炭の施工時混入品の可能性も考えられる。）、Ｓ９、Ｓ17、Ｓ39、Ｓ43はＳ１、Ｓ２、出土鉄釘より規格が一回り小さいことと遺構が小振りで正方形プランであることから、木棺墓ではなく、火葬骨を入れた木櫃墓であった可能性も考えられよう。その構造は鉄釘の出土位置とレベルが不明のため、正確な櫃（棺）規格と構造は復元できないが、墓壙の形状とＳ６、Ｓ39、Ｓ43で鉄板を棺の側板に長軸方向を縦にして取付けている出土状況、およびＳ39で縦横の鉄釘の先端が交差する隅の連結用の釘の存在から、組合せ式で、底が正方形に近く、縦長の構造の木櫃（棺）であった可能性があり、Ｓ39、Ｓ43で鉄板の中央付近で折損があることと釘が小ぶりである事実から側板が薄く壊れやすい構造であった可能性が推定でき、鎹の存在からも形状に屈曲があった可能性も否定はできない。また、確定は出来ないが、Ｓ２での鉸具付き座金留の吊金具やＳ39のワッシャー固定した割りピン状の吊金具と考えられる金具の存在から、想像をたくましくすれば、持って運び入れる木棺ではなく、提げて運び入れる木櫃（棺）への変化と、その埋納作業の状況が推測できよう。

５．鉄板出土墓の年代

　大谷遺跡の年代を知る目的で、鉄板が出土した４土壙（Ｓ１、Ｓ６、Ｓ39、Ｓ43）の充填木炭および、鉄釘に付着した棺材について、加速器質量分析（AMS）法による放射性炭素年代測定を行った。その結

果、鉄釘付着棺材は炭素量が少なく測定できなかったが、木炭資料は各遺構毎に4点行い、良好で信頼性の高い測定結果が得られた。

　その較正年代結果によると、S1とS6が9世紀前半から10世紀前半、S39とS43が10世紀前半から10世紀中頃の年代を示した。測定結果からは前者と後者では50年前後の年代差が認められた。木炭のOld Wood Effectを差し引いて考えても、前者を9世紀末から10世紀前半、後者を10世紀前半から10世紀末と位置付けるのが現段階での妥当な年代観といえよう。

　この年代測定結果と遺構の構造および、出土鉄板の型式と使用法をみてみると、S1では、長方形の遺構プランで、厚板を用いた組合せ式の木棺を使用した木棺墓である。鉄板は長／短比1.47で、幅広タイプを棺の東側面に横向きで使用している。S6では、方形の遺構プランで、薄板を用いた組合せ式で縦長の木櫃を使用し（但し、厚板の蓋使用）、木櫃墓の可能性がある。鉄板は長／短比1.27で、幅広タイプを棺の東側面に縦向きで使用している。年代測定結果は、ほぼ同時期を示しているが、木棺墓と木櫃墓と大きな変化がある。この間に若干の時期差があった可能性は高い。また、鉄板の形状にも差異が認められない点や遺構の位置が違い、その近くに鉄板を持たない、同規格、同規模の遺構（S3とS8）がある点から、被葬者の系譜や出自等の質的な差の可能性も想定できよう。

　一方、S39とS43は方形の遺構プランで、薄板を用いた組合せ式で縦長の木櫃を使用した木櫃墓の可能性がある。出土した鉄板は長／短比がS39で1.86、S43で1.64と供に幅狭タイプを縦向きに使用している。しかし、S39では櫃の東側面に、S43では櫃の北側面で使用している。年代測定結果は、ほぼ同時期を示しており、鉄板の向きのみが違っている。その違いの理由として、この間に若干の時期差があった可能性は否定できないが、年代測定結果からは有意差があったとは言い難く現状ではわからない。しかし、明らかに、S1とS6とは遺構や鉄板の型式、使用法でも違いが確認できる。

　以上の検討結果から、現段階では遺構の年代順はS1≦S6＜S39≒S43との時系列が推定される。

　大谷遺跡での墓や棺・櫃の形態、鉄板の型式や使用法の変遷を整理すると、9世紀末から10世紀前半には、墓は平面が長方形の木棺墓から正方形の木櫃（棺）墓への変換があり、鉄板の型式は変化しないが使用法が横向きから縦向きに変化している。さらに、10世紀前半から10世紀末にかけて、墓は平面が正方形の木櫃墓に統一され、鉄板の型式も櫃の形体にあった幅広タイプから幅狭タイプに変化し、使用法も縦向きに統一されていくことが見て取れよう。

（塚本敏夫／公益財団法人元興寺文化財研究所）

第5章　まとめにかえて

第1節　多賀町富之尾大谷遺跡における墳墓群によせて
～滋賀県内での2、3の事例からみた評価と今後の課題について～

1．はじめに
　大谷遺跡においては、不時発見に端を発し約400㎡を対象に平成25年5月27日から6月14日までの間、発掘調査が実施された。14基の土坑・24基のピットを検出し、埋土から骨片が出土しているものや炭化物が充填されているものや墓誌または買地券とみられる鉄板が埋納されているものもあり、これらの遺構のうちの幾つかは墳墓であると考えられた。また、遺構が重複することがないので、封土のような表示施設が存在していた可能性が想定されている。土器類については8～11世紀のものがみられ、とりわけ在地の土器および灰釉陶器からみると10世紀から11世紀にかけてのものが多くみられる（畑中2007）。ただし、遺構に埋納されたような状況を示すものはなく、遺構にかかわりを持ちつつ存在していた土器であると想定することとなる。それ故、ここでは少なくとも10世紀から11世紀にかけての墳墓が群をなしていた可能性が高いと考えができよう。
　遺跡の詳細は報告に譲るとして、本事例についての評価を試みる。
　なお本稿では、古墳時代終末期までに営まれた墓を「古墳」、それ以降に営まれた墓を「墳墓」、それらを総称して「墓」と呼称する。

2．希少な事例としての大谷遺跡の墳墓群
　まず、古墳時代後期から平安時代後期以前の墓に関わる資料は極めて乏しく、数量的な検討の俎上に載せることが極めて困難であることを予め断っておかなければならない。
　滋賀県内では古墳時代後期の墳墓には、土坑墓もわずかに見られるがあくまでも客体であり、斜面を穿った横穴墓も現時点では見られない。また、高島郡の一部（旧今津町域など）のように古墳時代後期前半においては木棺直葬墳を専らとしていた地域も、後半にはいると横穴式石室を内部主体とする古墳が一般的にみられるようになる。つまり、滋賀県内の古墳時代後期には多くの地域で横穴式石室を内部主体とする墓が普遍化しており、この時期の墓の様相をつかむことは極めて容易であると言える。
　しかし、遅くとも8世紀以降になると新規に横穴式石室を内部主体とする古墳がつくられなくなり、墓の様相がわからなくなるのである。勿論のこと、この間に死者が出なかったとか葬儀が行われなかったというものではなく、私たちがその様相をつかみきれていないだけと言えるだろう。
　そう言った脈絡においては、大谷遺跡での発掘調査事例は非常に稀有な事例であると言えるが、比較対象が少ないだけにその評価も容易ではない。ここでは、滋賀県内での2、3の事例をあげることにより、現時点での評価をし、かつ今後の課題を提示することとする。

3．滋賀県における奈良～平安時代にかけての墓の事例
①大津市横尾山古墳群の墳墓（滋賀県教委・協会1988）

　横尾山古墳群は、瀬田川にほど近い瀬田丘陵西端南側斜面に位置する7世紀中ごろを中心とする時期に構築された30基ほどからなる古墳群であり、昭和60（1985）年度に発掘調査が実施された。内部主体は、切石の横穴式石室や木棺直葬墳などバリエーションは豊かである。周辺には7世紀から生産を始める瀬田丘陵生産遺跡群（源内峠遺跡・山の神遺跡・野路小野山遺跡・木瓜原遺跡など（畑中1995））とのかかわりや、久保江周辺の官衙遺跡群（近江国府跡・東光寺遺跡など（畑中2013））とのかかわりを想定することができる。

　これらの古墳が形成された時期は7世紀中ごろを中心とする時期であるが、表土から8～9世紀にかけての土師器・須恵器のほか和同開珎、銅製銙帯が出土している。

　古墳以外の遺構としては土坑やピットなどが幾つか検出されており、古墳群の形成時期以降である8～9世紀の遺物が一定量出土していることを勘案すると、古墳＝墳墓をめぐって何らかの行為が行われたと考えられる。これを継続的な祭祀とみるのか、造墓が行われたとみるのかについては判断しかねるが、後者の可能性も想定することができよう。

②多賀町富之尾の墳墓群（丸山1977・本報告）

　多賀町富之尾においては本報告の墳墓群のほかに平安時代の墳墓が調査されている（丸山1977）。昭和45（1970）年、富之尾梨の木（梨の木末遺跡）において木炭とともに完形の土器が出土したとのことで調査が行われた。長辺280cm、短辺140cm、深さ110cmの掘方に木棺を据えて、その外周に木炭を充填していたようである。棺外（と考えられる場所）には南側に緑釉陶器唾壺が、北側には有蓋壺が置かれていたという。緑釉陶器の年代観から9世紀後半のものとみられる。

　なお、「梨の木の古墓群は昭和39年に発見され、水野正好氏のもとに私と木村康子さんとで火葬墓を調査したことがあり、今回の地点は、その南西寄りにあたっている」（丸山1977）と記されていることから、詳細は明らかではないものの、他にも火葬墓が存在していたことがうかがわれる。

　また、先に記したとおり、多賀町富之尾大谷において（8～9世紀に墳墓が存在していた可能性もあるが）10世紀から11世紀にかけての墳墓群が確認されている。

　以上のことから、多賀町富之尾周辺は平安時代の墳墓が集中していることがうかがわれるのである。8～9世紀の状況は明らかではないが、それ以前の古墳時代後期から終末期の古墳としては芹川左岸の大岡古墳群と犬上川左岸の楢崎古墳群がみられるのみで、これらの墳墓群とは平面的に重複しない。

③大津市柳川上流域の墳墓群（滋賀県教委・協会2013）

　宇佐山古墳群の発掘調査において9世紀末頃の火葬墓蔵骨器が出土しており、『宇佐山古墳群』の中で平井美典が周辺の様相をあわせて取りまとめているのでそれを紹介する。

　宇佐山古墳群：大津市神宮町宇佐山東斜面に所在し平成22（2010）年に発掘調査によって出土した（火葬墓Ｓ8）。封土の有無は明らかではないが、長径123cm、短径95cmの楕円形、深さは60cm以上、須恵器壺の頸部を欠いたものを身に緑釉陶器皿を蓋とした蔵骨器をおさめる。掘方には黒色の炭化物で埋め戻されており、鉄釘と銅製金具が出土した。火葬骨から被葬者は熟年～老年（40～70歳代）で死亡した男性で非常に頑健骨太であったと推定されている。

　平尾山古墓：大津市神宮町（発見当時は錦織町）の宇佐山東麓斜面から昭和5（1930）年に果樹園開墾中に須恵器蔵骨器と銭貨が掘り出された（肥後1933）。出土した場所は宇佐山古墳群火葬墓Ｓ8の南東約20m付近である。須恵器蔵骨器は蓋と壺からなり頭蓋骨や肋骨などの火葬骨がおさめられていた。銭貨には隆平永寳（796年初鋳）、貞観永寳（870年初鋳）、開元通寳（唐621年初鋳）、政和通寳（北宋1111年初鋳）、聖宋通寳（北宋1101年初鋳）があるが出土状況は明らかではなく、銭貨の年代とは別に、須恵器の年代から8～9世紀にかけてのものと考えておくのが妥当であろう。

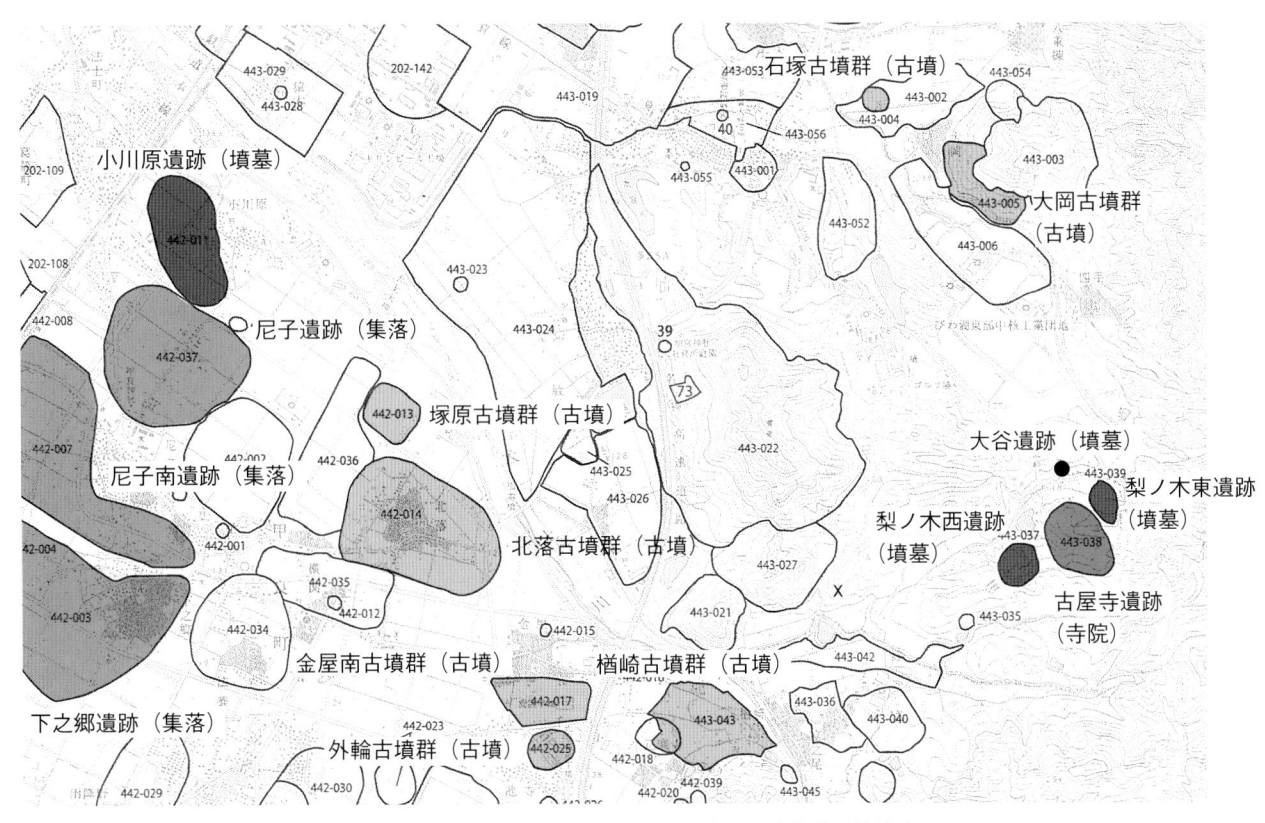

多賀町富之尾の墳墓群と甲良町小川原遺跡の墳墓群関係遺跡

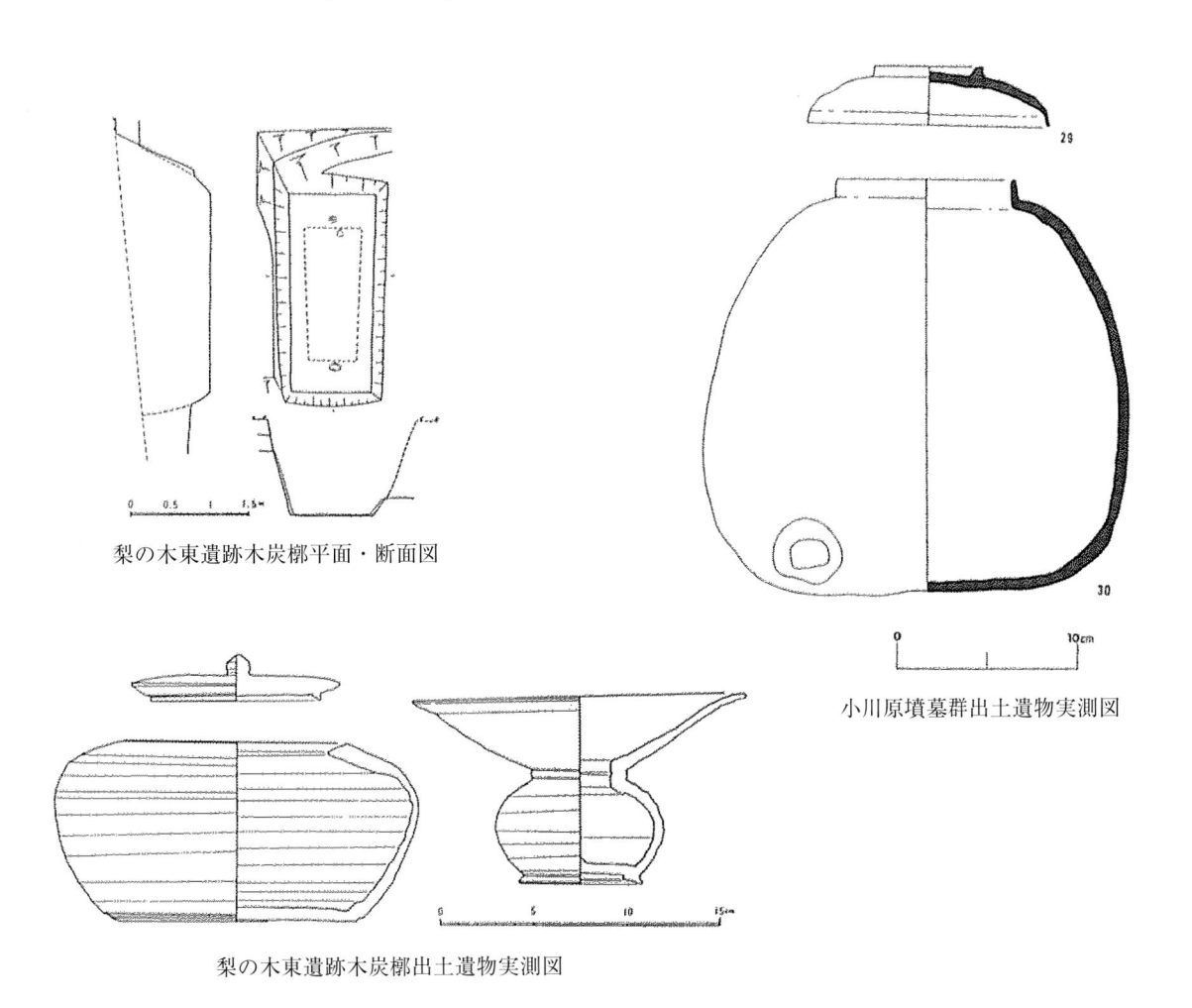

梨の木東遺跡木炭槨平面・断面図

梨の木東遺跡木炭槨出土遺物実測図

小川原墳墓群出土遺物実測図

第41図　多賀町富之尾の墳墓群と甲良町小川原の墳墓群

― 59 ―

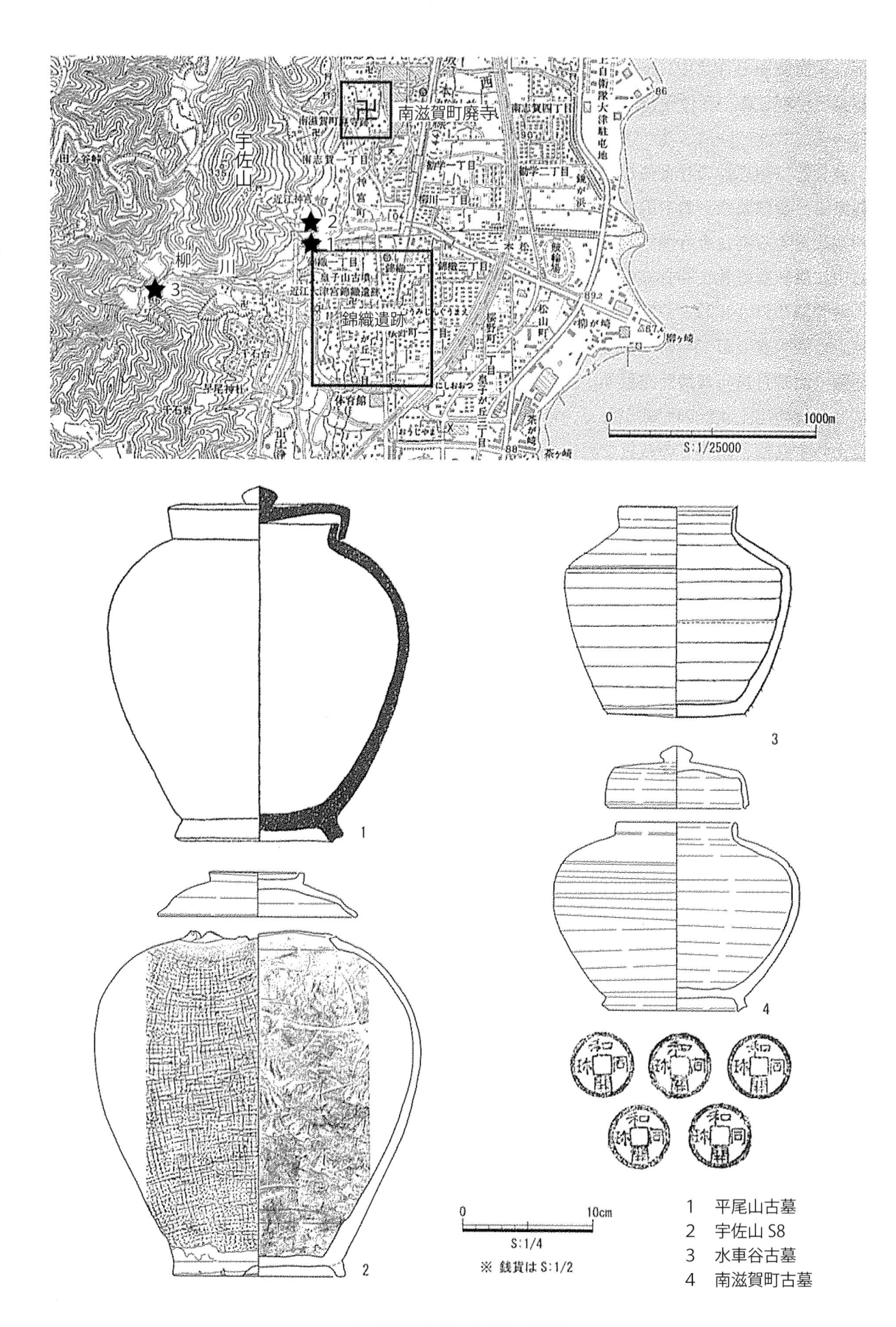

1 平尾山古墓
2 宇佐山 S8
3 水車谷古墓
4 南滋賀町古墓

第42図　柳川上流域の墳墓

— 60 —

水車谷古墓：大津市錦織町、宇佐山と早尾山の間を流れる柳川の右岸、早尾山北麓斜面に位置する。宇佐山火葬墓Ｓ８と平尾山古墓から西へ約800ｍ隔たる。昭和37（1962）年に採土工事中に須恵器蔵骨器が不時発見された（水野1968）。須恵器蔵骨器は蓋と壺からなり、頭蓋骨や肋骨などがおさめられていた。須恵器の年代から８世紀代のものと考えられる。**南滋賀町古墓**：大津市南滋賀町から出土したとされる須恵器蔵骨器と和同開珎５点が滋賀県立安土城考古博物館に収められている（滋賀県立近江風土記の丘資料館1976）。詳細な地点が明らかでないことと、火葬骨がおさめられていた形跡がなく、かつ、壺の底部内面に和同開珎のものとみられる銅錆が付着していることから胞衣壺であった可能性があろう。ただし、和同開珎には黒色炭化物が付着しており、評価は難しい。

まとめ：詳細の明らかではない南滋賀古墓をのぞくと、柳川上流域には古代の火葬墓が集中していることがわかる。また、多くが不時発見であり、非常に発見しづらいものであることもわかる。近隣には古墳時代後期の山田古墳群や近江神宮裏山古墳群などがあるが、厳密には場を共有していないことには留意しておきたい。

④甲良町小川原の墳墓群（滋賀県教委・協会1993）

小川原遺跡は、犬上川左岸扇状地に位置する。縄文時代後期を中心とする時期に盛期があり、その後は古墳時代後期から終末期にかけての古墳が散在する。扇央部に当たることから貧水地帯であり集落遺跡が展開するのは７世紀以降となる。７世紀以降の集落は近隣の尼子遺跡や下之郷遺跡において展開し、小川原遺跡は耕地もしくは空閑地となっていた可能性が高い。

ここでは、平成２（1990）年度に工事中の不時発見で火葬墓が検出されている。一辺110cm、深さ15cmの土坑の炭化物層（第２層）から骨片とともに鉄板が出土した。また、近隣から須恵器蔵骨器が出土している（これは原位置を留めていない）。鉄板が出土した土坑からは年代を示す遺物が出土しなかったことから年代は不明、須恵器蔵骨器については９〜10世紀頃のものであると考えられる。

工事中の不時発見ということもあり、面的な遺構の広がりについては明らかではないが、平安時代において墓を設ける地として用いられていた可能性は否定できない。それ故、ここでは墳墓群と呼称しておく。

⑤東近江市法堂寺遺跡の墳墓（能登川町教委1990）

法堂寺遺跡は南側に７世紀後半に建立されたと考えられる法堂寺廃寺が位置し当該期においては地域の中核的な役割を担ったとみられる。平安時代後期には規模縮小し、ほどなく廃絶したと考えられている。

昭和63（1988）年度に発掘調査された地点では、６〜７世紀前半、８世紀の遺構が散在し、10世紀後半から11世紀にかけてまとまった建物群がみられ、屋敷地が構成される。その中で前代までに見られなかったものとして、建物群と有機的関係を持つ墓の存在を挙げることができる。墓は建物群の東側に位置し、長辺230cm、短辺110cm、深さ15cmの土坑に、鉄釘が原位置で出土していることから木棺が据えられていたものと考えられる。副葬品としては灰釉瓶子、いわゆる回転台土師器坏、黒色土器碗が出土している。

こういった遺構は滋賀県内では11世紀以降顕著にみられるもので（畑中1995ａ）、屋敷と直接的なかかわりのある先祖を屋敷内に葬り祀るという習俗（屋敷墓）であると考えられ、当該期に土地所有にかかわるものであるとされる。本例は面的な調査の中で検出された好例であり、かつ滋賀県内の事例としては比較的早いものである。

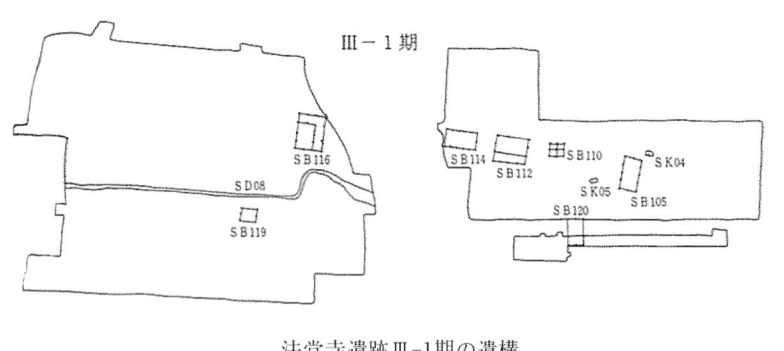

法堂寺遺跡Ⅲ-1期の遺構

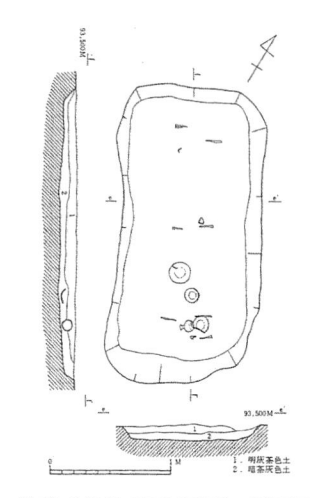

法堂寺遺跡SK04平面・断面図

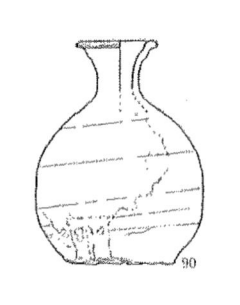

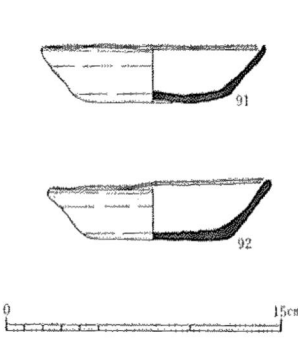

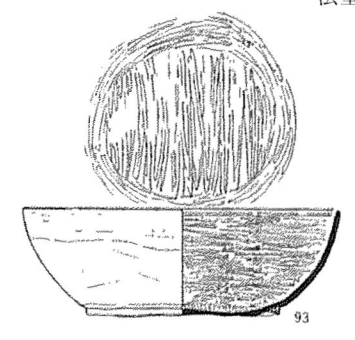

法堂寺遺跡SK04出土遺物実測図

第43図　東近江市法堂寺の墳墓

4．滋賀県における奈良～平安時代にかけての墓の様相

　以上に、奈良～平安時代にかけての墓の事例を挙げてみた。比較検討を行うに十分な資料があるとは言えないが、幾つかの傾向を見出すことはできよう。

・類型1

　大津市横尾山古墳群（①）での事例のように、古墳時代後期乃至終末期に営まれた古墳群を墓域にして、その後も継続的に墓をつくる（と考えられる）もの。

・類型2

多賀町富之尾の墳墓群（②）と大津柳川上流域の墳墓群（③）での事例のように、古墳時代後期乃至終末期に営まれた古墳群とは場を異にして、より上流域において墓域を設け、墓をつくるもの。古墳群が存在していた場所を開発したがゆえに新たな場を開拓せざるを得なかったのか、意図的に場を違えたのかについては明らかではなく、大きな課題であるといえる。

　また、甲良町小川原の墳墓群（④）については、詳細および周辺状況が明らかではないが、一見すると平地であるものの当時においては生産活動に適さない地であった可能性は否めず、墓域として用いられていた可能性もあり、この類型に属すると考えられる。

　この類型の遺跡は、いずれも発掘調査を面的に行わなければ遺構を見出すことは難しい。

・類型3

　東近江市法堂寺遺跡の墳墓（⑤）については、建物群と有機的な関係をもって設けられた屋敷墓とみられるもので、滋賀県内では本例を嚆矢とし11世紀以降みられるものである。滋賀県内で、この時期の集落の発掘調査を実施すると、かなりの高確率で墓を検出することになる。

・まとめ

　類型3は、11世紀以降に事例が増加するものであり、建物群に内包されるということから、それ以前の墓とは様相を異にする。類型1と2は集落とは異なる場において営まれる墓で、古墳時代後期乃至終末期からの連続性を認めうるものかどうかで分類している。ただし、場を同じくしていることと場を用いた集団が内部の構成に変化がなかったかどうかは明らかにしがたいし、場が異なるからといって相互にかかわりを持たない集団であるかどうかも明らかにしがたい。つまり、現況で得られている資料ではかかる問題を明らかにすることは困難なのである。

5. むすびにかけて―大谷遺跡の評価と課題―

　考古学的に奈良〜平安時代にかけての墓の事象をとらえると、滋賀県内の事例を見る限り、以上のような類型に分類することができた。ただし、その実態を検討する上においては幾つかの問題がある。

　そもそも、墳墓が一地点内で群をなしているが故に、それを「集団＝一族」とみなしてよいのかどうか。また、古墳時代後期乃至終末期から奈良〜平安時代にかけての連続性についてはどのように評価するべきであるのか。一見して連続性のみえる事例とそうではない事例があるが、墳墓群の動向を「集団＝一族」の動向を反映しているとみなしてよいのかどうかについては、一定の手続が求められるのである。

　そういった問題点はあるにしても、集落や墓から考古学的な把握が進められてきた地域の集団関係が、古墳時代から古代にかけてどのように展開していったのかを同様の方法によって明らかにする必要があることはいうまでもない。その脈絡においては、滋賀県のみならず全国的にも資料が極めて乏しい奈良〜平安時代の墓のあり方を見ることができた大谷遺跡の事例は重要で、今後、比較検討の基準例になりえるだろう。

　また、奈良〜平安時代にかけての墓の多くは不時発見で占められていることをあらためて認識することとなった。私たちが行っている「遺跡＝埋蔵文化財包蔵地」のとらえ方が十分であったとは言えないのである。確たる指針を出すことはできないが、新たな方法でこういった遺跡をとらえる方法を確立するのがあらたな課題なのである。

　大谷遺跡の発掘調査成果は、遺構・遺物の評価もさることながら、遺跡自体の把握方法についても大きな課題を提示したといえる。本調査成果を正しく評価するためにも、かかる課題を解決すべく努める必要があろう。

(畑中英二／滋賀県教育委員会文化財保護課)

参考文献
・滋賀県教育委員会・財団法人滋賀県文化財保護協会1988
　『横尾山古墳群発掘調査報告書――一般国道1号（京滋バイパス）関係遺跡発掘調査報告書Ⅱ』。
・滋賀県教育委員会・財団法人滋賀県文化財保護協会1993
　『ほ場整備関係遺跡発掘調査報告書XX-3　小川原遺跡1』。
・滋賀県教育委員会・公益財団法人滋賀県文化財保護協会2013
　『柳川支流補助通常砂防工事に伴う発掘調査報告書・宇佐山古墳群』。
・滋賀県立近江風土記の丘資料館1976『常設展図録』。
・能登川町教育委員会1990『能登川町埋蔵文化財調査報告書』第16集。
・畑中英二1995a「滋賀県下における「単独土坑墓」の位置付けについて―研究史の整理と今後の課題の提示を中心に―」『一般国道161号（西大津バイパス）建設に伴う発掘調査報告書　大通寺古墳群』滋賀県教育委員会・滋賀県文化財保護協会。
・畑中英二1995b「滋賀県下における手工業生産―7世紀後半代の様相を中心に―」
　『北陸古代土器研究』第5号、北陸古代土器研究会。
・畑中英二2007「所謂回転台土師器の編年について」『淡海文化財論叢』第二輯、淡海文化財論叢刊行会。
・畑中英二2013「唐橋遺跡の再検討」『淡海文化財論叢』第五輯、淡海文化財論叢刊行会。
・肥後和男1933「錦織町字平尾に於ける平安町時代の墳墓」『滋賀県史蹟調査報告』第5冊、滋賀県。
・丸山竜平1977「多賀町梨の木遺跡の木炭槨」『滋賀文化財だより』No.3、財団法人滋賀県文化財保護協会。
・水野正好1968「大津市錦織町水車谷火葬墓－蔵骨器」『滋賀文化財研究所月報』4、滋賀文化財研究所。

第2節　大谷遺跡の考古学的評価

1．遺構について

　検出された遺構は、南向きの緩斜面に点在するように位置し、墓坑と推定される13基は互いに切り合うことなく存在していた。このうちの10基は墓坑の形状が方形に近いもので、埋土内に木炭が充填する形で検出される点などを考えると、火葬墓と判断して良いと思われる。これに対してＳ１とＳ３は長方形の墓坑を穿ち、鉄釘を多数出土し、炭化物が多量に詰まっていた。Ｓ17との接近状況からみると、他とは異なった墓制とみて土葬に推測することも可能である。

　木棺墓でありながら墓坑内に木炭を充填した例は、京都市安祥寺古墓、西野山古墓、大阪府伽山古墓、岡本山古墓群Ｂ地区木棺墓１などが知られ、いずれも９世紀代のものである（上林2004）。類似のものは遠く福岡県宮ノ本遺跡13ST045（９世紀前半）にもある（城戸編2006）。ちなみに、Ｓ１とＳ３から出土した釘は、他の墓坑出土の釘と比較するとやや大きめのものが目立つ。これも土葬墓と捉える可能性を示唆するものと言えよう。

　さて、各土坑は切り合うことなく独立して存在しているので、何らかの地上標識になる構築物が存在したことをうかがわせる。それぞれが単独の墳墓であると認識した場合、各遺構間の距離からみて、直径2.5ｍほどの墳丘状のものを想定することは可能である。

　しかし、遺構の形状と遺物の出土状況、遺構の配置状況を眺めていると、鉄板や鉄釘を多数出土する方形の土坑（Ｓ６、８、39、43）と、ほぼ木炭しか出土しなかった不整円形の小土坑（Ｓ７、９、22、34、50）に分けられることに気付く（Ｓ１、３は異なる墓制とみて除外しておく）。このうち遺物を出土しない小土坑については、大阪府田辺墳墓群で小林義孝氏が指摘されたように、灰（炭化物）を埋めた土坑（小林1992）とみなせるのではないかと考える。

　しかもそれらは、一定の距離をおくものの鉄釘の有るものと無いものとの２基で一対になるような位置関係を有している。特にＳ39とＳ34、Ｓ43とＳ９は似たような位置関係にあるとともに、遺構間の心々距離も約4.0ｍで近似している。この視点で他の遺構を見ると、Ｓ６とＳ50が類似の配置になることがわかる（第44図）。さらに、調査区の東西が失われていることからやや大胆な想像を加えると、Ｓ８の北東に未知の炭化物埋納遺構、Ｓ７の南西に未知の火葬墓の存在を推測することができる。

　これが首肯されるならば、地上に墳丘状の標識的なものの存在を予想させるとともに、火葬墓造営に際しては、共通する作法が存在したことをうかがわせる。

　また、遺物のまとめで指摘されるとおり、葬法が土葬（木棺墓）から火葬へ変化したと捉えると、調査地の東側でまず木棺墓の造営が始まり、そこには炭化物埋納の遺構も付帯する（Ｓ17、22）が、両者の位置関係に秩序立ったものはみられない。これが、火葬墓の段階に入ると、上記のような墓地造営における作法の統一があり、造営する地点も西側へ移動したとみることができよう。

　残念ながら今回の調査は不時発見であり、細かな調査を行うことができなかったので、釘の出土位置が明らかではない。したがって上記のような検討を厳密には行えないが、可能性の一つとして提示しておきたい。

2．遺物について

　墳墓と認定した遺構13基のうち遺物が出土したのは９基で、うち８基に鉄釘が出土している。ただし、Ｓ９は鉄釘１点であり、土坑規模も小さく、先述のとおり炭化物を埋納するだけの土坑だった可能性もあり、何らかの事情で埋没時に鉄釘が混入したと推定して除外する。そうすると、少なくとも７基に鉄釘を使用した木棺または木櫃があり、そのうち４基に鉄板が付帯しているということになる。鉄板と木櫃、炭化物（木炭槨）が有機的な関係にあることがわかる。

　また鉄板埋納に際して、遺物の報告で指摘されるように、鉄板は棺に固定されていた可能性が高い。こ

れは出土状況からも頷けるものである。4例のうち2例は土坑底に鉄板の一辺が接しているようにみえるが、S43では鉄板の下部に炭化物が見えているし、S1は横方向に置き、やや外側へ倒れるように出土しているが、鉄板の下辺は墓坑底に密着していない。単に土坑壁近くでほぼ直立の状態で出土したというだけでなく、床面からは少し浮いた位置で検出されている事例もあるのは、木櫃や木棺の側面に固定してあったという所見を下支えするものであろう。

　鉄板を出土した他の遺跡でも、墓坑底からやや浮いた位置にありながら直立する事例もあり、木棺や木櫃の痕跡がある場合には「木櫃に添わせた」と推測するだけでなく、「固定されていた」ことも視野に入れておく必要があろう。これは埋葬に伴う一つの作法として重要な事項である。

　なお、鉄板は墓誌または買地券とするのが有力である。なかでも土坑内で直立して出土した福岡県宮ノ本遺跡1号墓の鉛製買地券は著名である。これは土坑の中央に位置しているので、櫃の側面に固定された可能性は低いが、立位の状態で埋納することに意味があったことを示唆するものである。買地券の確実な事例は他に不時発見の1件が知られるだけであり、これだけをもって立位で出土する鉄板を買地券と決定するのは難しいが、墓誌にはまだそうした事例がないことを思うと、有力な可能性の一つであろう。

　さて本遺跡検出の墓坑内から出土した遺物は、鉄製品が主体で土器はごくわずかである。土器を出土した遺構は、S1、3、6、7、8、17の6基だが、墳墓に意識的に埋納されたと理解できるものは皆無であり、いずれも破片化しているので埋没時の混入品である可能性が高く、墳墓造営時を直接語るものとは言えない。その中で鉄板が出土したS1から出土した山茶碗片は、10世紀中頃のものとみられ、出土状況の詳しい情報はないもののS1がこれを遡ることはない。同じく鉄板が出土したS6は、8世紀後半頃とみられる須恵器高台付坏の破片が出土しているだけであり、遺構の年代決定を行う有効な資料とは言えない。さらに墳墓の可能性がある炭化物層のS2から出土している山茶碗や山皿などは10世紀中頃のものであり、S1出土山茶碗に近い時期である。また、S12とするピット状の遺構からは多くの土器が出土しているが、概ね10世紀代のものである。これは、AMS法による年代測定結果と大きな矛盾はない。しかし、遺構の変遷を追跡するには土器の出土に偏りがありすぎるため、遺物の項で指摘されているAMS法を踏まえた遺構の変遷結果（P55・56）はきわめて重要な見解と考えたい。

　なお、鉄板を出土した遺跡の集成（小林1997）をみると、近畿以西では奈良時代から平安時代前期までの事例に集中する傾向にある。また、関東から東海の事例をみると、10世紀末期から11世紀初頭に位置する例もあるが、主体はやはり8世紀後半から10世紀後半頃である。これらの情報を加味しても、大谷遺跡の墳墓群は10世紀代の造営とみなすのが最も安全かと思われる。ただし、当該地点の土地利用は8世紀後半近くに遡る可能性も残されている。

3．遺跡について―平安時代の墳墓群としての大谷遺跡―

　平安時代前期から中期頃の墳墓の発見例は意外に少なく、しかも群集する例となるとさらに少なくなる。大谷遺跡と同様の火葬墓を主体にした事例はいま筆者の知見にはなく、土葬墓を含めて探すと、福岡県太宰府市の西郊にある宮ノ本遺跡がほぼ唯一の事例としてあげられる。宮ノ本遺跡は、古墳時代前期に開発された墳墓の地であるが、古墳時代後期は空白となり、8世紀に入って丘陵斜面地に火葬墓が造営される。ほぼ単独で存在するものが多く、個々の墓は隣接していない。これは大宰府周辺の丘陵部が公葬地として規定されていたことに関係するものであり、官人クラスの墳墓と考えられる（狭川1990）。

　この宮ノ本遺跡は、平安時代前期には木棺墓を含む土葬墓へと変化する。なかでも1～3号墓は斜面地を一定の範囲で造成し、一連の墳墓として計画的に作られたとみられ、1号墓からは買地券が出土している。以後、墓域の中心は丘陵の東端部へ移行し、9世紀前半から後半のものは丘陵鞍部付近から南側斜面近くに造営されているが、9世紀後半から10世紀前半のものは丘陵南斜面地を段状に造成し、そこに集中するものの重なることなく造営されている。さらに、9世紀末期から10世紀中頃のものは、より下位の造成地へと移行していることがわかる（第45図）。さらにこの丘陵の東側裾部にある前田遺跡では、11世紀代にかかる土葬墓群が検出されている。遺跡名は異なるが、一連の墳墓群とみなして問題ないだろう。

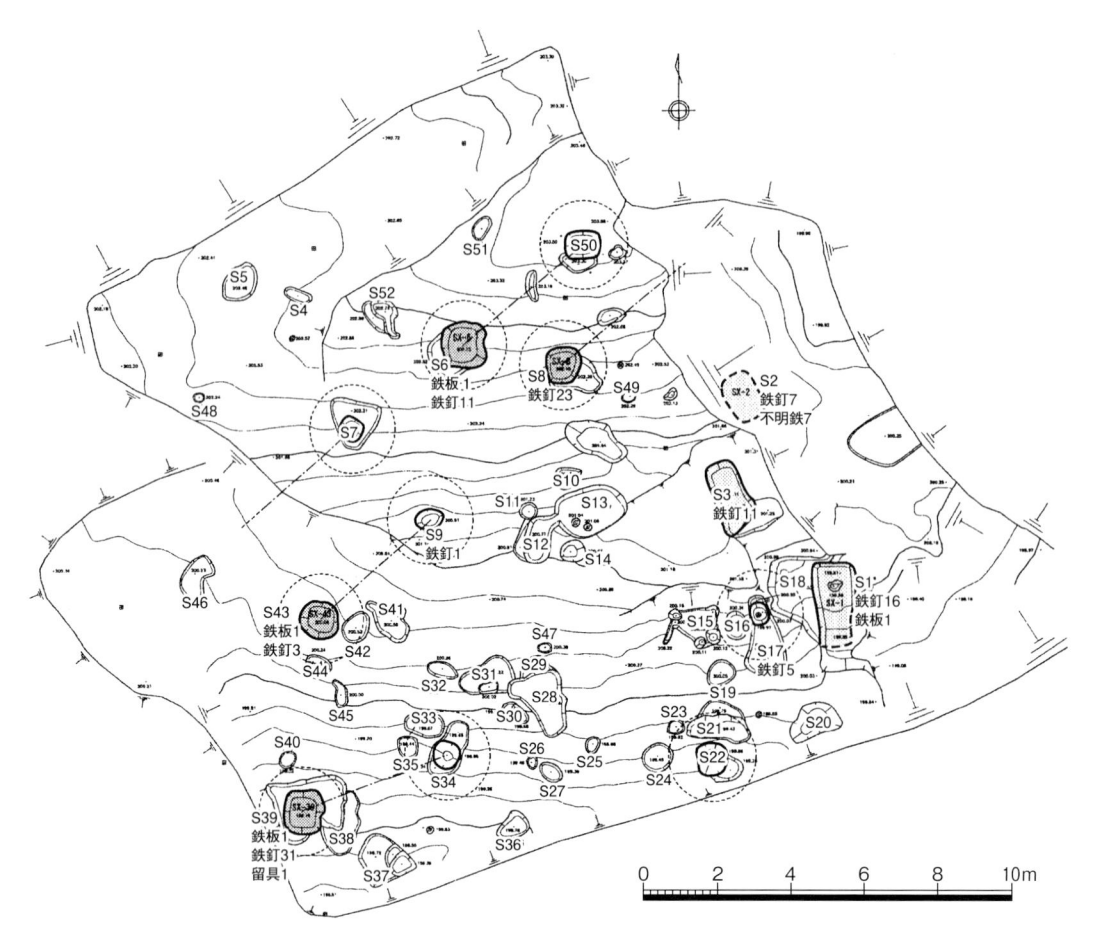

第44図　大谷遺跡遺構配置図（1／200）

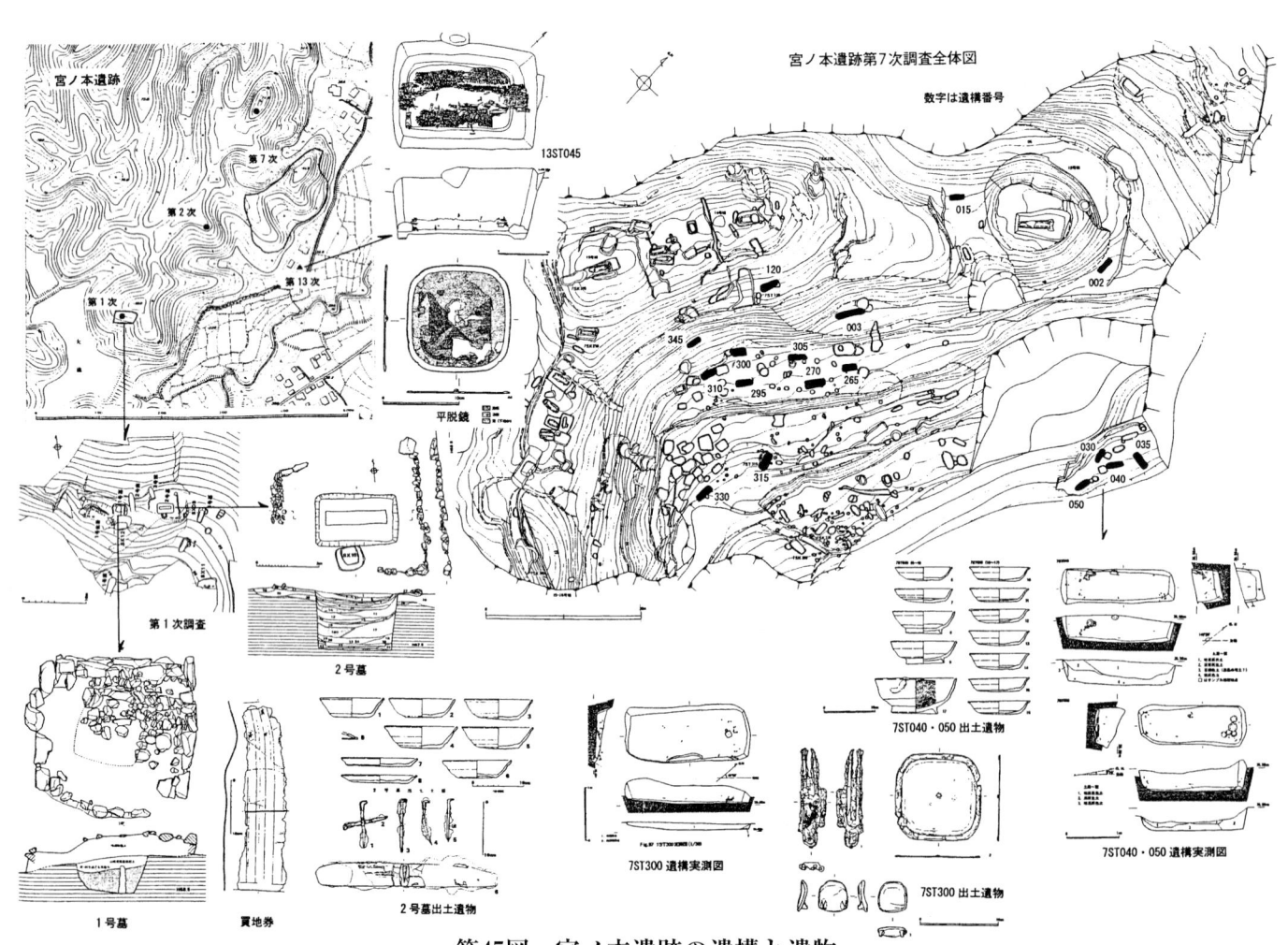

第45図　宮ノ本遺跡の遺構と遺物

当初は大宰府に赴任した官人の公葬地の一つだったものが、のちに群集してゆくことを評価すると、在地化した官人の一族墓所へと発展したと考えるのが妥当であろう。この遺跡の状況は、葬法を異にすることを除いて、大谷遺跡とかなり類似した景観であると言える。

　文献史料にも類似の景観は記録されている。「木幡寺被始法華三昧願文」（『政事要略』巻29）には、「屡詣木幡墓所、仰三重膽四域、古塚壘々、幽遂寂々」とあって、藤原氏一門の木幡墓所には古い塚が多数点在していたことが読み取れる。これは11世紀初頭の記事であるが、藤原氏一族の墓が造営され続けた結果の風景と理解できる。

　この木幡墓所は現在、陵墓指定を受けていて詳細は不明だが、谷合を奥（東）へ入った南北の丘陵斜面中に存在しており、『中右記』などに見える墓参記事でもその様子を垣間見ることができる。また11世紀初頭には、一門供養のための浄妙寺を墓へ入る谷の入口近くに建設している（荒川2005）。

　さて、ここで大谷遺跡の景観に戻ってみる。谷合を東へ入った南面する丘陵緩斜面上に火葬墓が点在し、しかもそれらは切り合うことなく、一定の距離をもって配置されている。今回の調査地点の周辺地形をみると、同じ丘陵の西側部分は南面する緩やかな斜面が見出され、また古代墳墓に採用されることの多い馬蹄形を呈する小谷地形も連続している。しかも、谷の入口付近には寺を思わせる字名（「堂の前」「堂の下」など／滋賀県遺跡地図番号443-040付近）が残存し、調査地点の南側にある台地上にも寺院跡と推定される地点がある（滋賀県遺跡地図番号443-038）。これらは先述の藤原氏一門の墓所でみた配置や景観にも近似し、宮ノ本遺跡の遺構配置とも類似する。しかも、土坑内には墓誌または買地券の可能性がある鉄板を副葬するものもあり、宮ノ本遺跡では鉛製の買地券が実際に出土している。さらに炭化物で墓坑を覆うという事例は、太安万侶墓や安祥寺古墓、西野山古墓などかなり上位の階層に採用された葬法であると考えられている（上林2004）。

　また、今次の調査地点から南西へ700ｍの地点にある梨ノ木東遺跡では木炭槨を持つ木棺墓が早くに確認され、地理的なことを踏まえて犬上氏の墓の可能性が指摘されている（丸山1977）。個人や氏族の名称を特定するのは難しいとしても、この一帯の墳墓群が、犬上氏を含む当該地域の有力者一族のものと想定することに無理はないと考える。

　これらを踏まえると、周知の遺跡に含まれていない大谷遺跡西側にのびる丘陵部分の多くも墓地であった可能性が考えられ、今後の開発に対して注意を要する地点と言える。

（狭川真一／公益財団法人元興寺文化財研究所）

本稿は、JSPS科研費21320152の成果の一部を含んでいる。

引用・参考文献
・荒川史　2005「浄妙寺と宇治陵墓群」『仏教芸術』279号　毎日新聞社
・上林史郎　2004「古墳の終焉と古代の木棺墓」『古墳から奈良時代墳墓へ』（大阪府立近つ飛鳥博物館図録34）大阪府立近つ飛鳥博物館
・城戸康利編　2006『太宰府・佐野地区遺跡群22』（太宰府市の文化財第86集）太宰府市教育委員会
・小林義孝　1992「灰を納めた土壙」『究班』埋蔵文化財研究会
・小林義孝　1997「古代墳墓から出土する「鉄板」について」『立命館大学考古学論集Ⅰ』立命館大学考古学論集刊行会
・丸山竜平　1977「多賀町梨の木遺跡の木炭槨」『滋賀文化財だより』No.3　財団法人滋賀県文化財保護協会
・狭川真一　1990「古代都市大宰府の検討―墳墓からのアプローチ―」『古文化談叢』23号　九州古文化研究会
※土器の年代については、佐藤亜聖氏（元興寺文化財研究所）のご教示を得た。

【参考資料】

多賀町内遺跡（大谷遺跡）分布調査業務
大谷遺跡周辺分布調査業務
業務完了報告書

1. 事業主体　　　　　　　多賀町教育委員会

2. 事業執行体制
　　　公益財団法人元興寺文化研究所
　　　　　　調査担当　　　佐藤　亜聖

　　　多賀町教育委員会
　　　　　　調査担当　　　音田　直記
　　　　　　調査補助員　　渡辺ゆきの（奈良大学4回生）
　　　　　　　　　　　　　荘林　　純（滋賀県立大学3回生）
　　　　　　　　　　　　　森山由香里（奈良大学3回生）
　　　　　　　　　　　　　武井　成実（奈良大学2回生）
　　　　　　　　　　　　　藤井佐由里（奈良大学2回生）

3. 実施の目的　　　　　　大谷遺跡周辺における遺跡内容を把握し、今後の周辺地域
　　　　　　　　　　　　での開発等の調整を図る上で必要な資料を得るため。

4. 期　間　　　　　　　　着手　　　　　　平成26年3月17日
　　　　　　　　　　　　完了　　　　　　平成26年3月31日
　　　　　　　　　　　　（現地調査　平成26年3月24日～28日）

5. 調査結果　　　　　　　調査地及び所在地　多賀町梨ノ木～富之尾周辺
　　　　　　　　　　　　調査対象面積　　　約200,000㎡
　　　　　　　　　　　　調査方法　　　　　踏査による地形観察及び遺物採取
　　　　　　　　　　　　記録測量の方法　　写真による記録採取及び地形図への記入

調査の所見

1．大谷遺跡周辺

　大谷遺跡北側丘陵の南斜面を対象に、稜線から裾部、谷底までを踏査した。調査区周辺は谷奥部を中心に火葬墓の存在が想定されたため、対象地区を13地区に分け、地形の観察および遺物の採取を行った。

　①地点は大谷遺跡の南隣接地で、かつて八稜鏡が採取された地点である。今回の踏査でも炭化物の散布がみられ、古代の須恵器坏を採取した。①地点の南側は段切りが行われて平坦面が確保されている。近世以降に畑地として造成された可能性が高いが、古代の地形改変の可能性も否定しきれない。遺物の散布は見られず断定は困難であるが、大谷遺跡の隣接地であることから注意が必要である。

　③地点は尾根筋に広い平坦面が存在し、標高も大谷遺跡と同様海抜200m前後である。残念ながら下草が生い茂り、遺物については明治以降の染付椀しか採取できなかったが、地形観察から古墓が存在する可能性が考えられる。開発に際しては注意が必要である。

　1地区稜線上には広い平坦面が存在するが、遺物の散布等は確認できず、人為的な地形改変も認められない。北側斜面では近世後期の染付椀を1点採取しているが（②地点）、遺構の存在は考えにくい。

　7区④地点は昭和の頃まで林道として使用されていた古道跡で、近世の陶器椀を採取した。周辺は比較的良好な平坦地形が展開するが、残念ながら笹薮のため遺物の散布は確認できなかった。また、7区谷奥には河原石積みの堰が見られた。同様のものは9区、12区にも見られたが、時期等は不明である。

　11区谷の東斜面には、10㎡前後の小規模な平坦地が複数確認できたが、人為的なものであるかどうか判断できなかった。

　12区斜面裾部は谷水田の痕跡や斜面に手を加えた痕跡が見られた。遺物は⑤地点で近世染付を1点採取したのみである。

　3区・5区・21区の谷底平野については全く遺物の採取ができなかったが、古老によると3区の谷底部は昭和の頃に埋め立てたとのことである。したがって遺物が採取されないことが遺跡の不在とも言い切れない。

　3区南端付近で、近世～現代の瓦礫が散布する場所があったが、ここで16世紀後半頃の信楽焼き擂鉢を採取した。中世の遺構が存在する可能性もあるが、採取地点全体が客土の可能性が高く、積極的な評価は難しい。

2．富之尾丘陵部

　富之尾丘陵は既に東半分が遺物散布地もしくは寺院伝承地として把握されている。また、丘陵頂部南端は梨ノ木古墓とされる古墓が見つかっている。このため、踏査は周知の遺跡の範囲外である丘陵西半を中心に行った。13・16区は灌木と笹薮の為立ち入りそのものが困難であった。

　14区は丘陵中腹に比較的広い平坦地が確認されたが、人為的なものかどうかについては不明である。

　17区は既に窯跡の存在が指摘されていた。踏査の結果、⑥地点で須恵器甕の破片を採取した。しかし、遺物の採取は1点のみで、物原や灰原は一切確認できなかった。窯跡とするにはあまりに遺物の存在が少なく、火葬墓蔵骨器の可能性を考えることもできる。さらに周辺には複数個所で炭化物の集中分布が見られた。木炭郭の一部である可能性も考えられる。⑦地点ではチャートを加工した二次加工剥片を採取した。18・19区は近年の地形改変が著しく、遺構の確認はできなかった。

3．小結

　以上の調査成果を纏めておく。

　⑴大谷遺跡の範囲について

　今回、大谷遺跡の範囲確定を目指して広範囲を踏査したが、明確な古墓を確認できなかった。大谷遺跡

は標高200m前後の丘陵裾部に、平坦地を確保して営んでおり、周辺における同条件の地点はほぼすべて工事により破壊されている。残念ながら他に存在した可能性のある古墓は既に破壊された可能性が考えられる。ただし、大谷古墓南隣接地の平場や、1区東端の尾根上平坦部は古墓が存在する条件を満たしており、今後の開発に際しては注意が必要である。

(2)富之尾丘陵について

富之尾丘陵は西半の踏査を行ったが、17区の遺物散布地は窯跡でなく古墓の可能性があり、梨ノ木古墓の立地を勘案すると、丘陵頂部（15区）から16・17区にかけては広く古墓が存在する可能性がある。

写真52　大谷遺跡周辺の現状

写真53　2区①地点遺物採取風景

写真54　17区炭化物散布状況

写真55　17区⑦地点採取須恵器甕

第46図　調査対象地地区割り及び所見図

図版 1-1　調査地区と周辺（空撮　東より）

図版 1-2　調査地区と周辺（空撮　西より）

図版2-1　調査地区全景（空撮　東側）

図版2-2　調査地区全景（空撮　西側）

S1① S1② S1③

S1④ S2⑤

S2⑥

S2⑦ S2⑧ S2⑨

図版3 出土遺物（土器）1

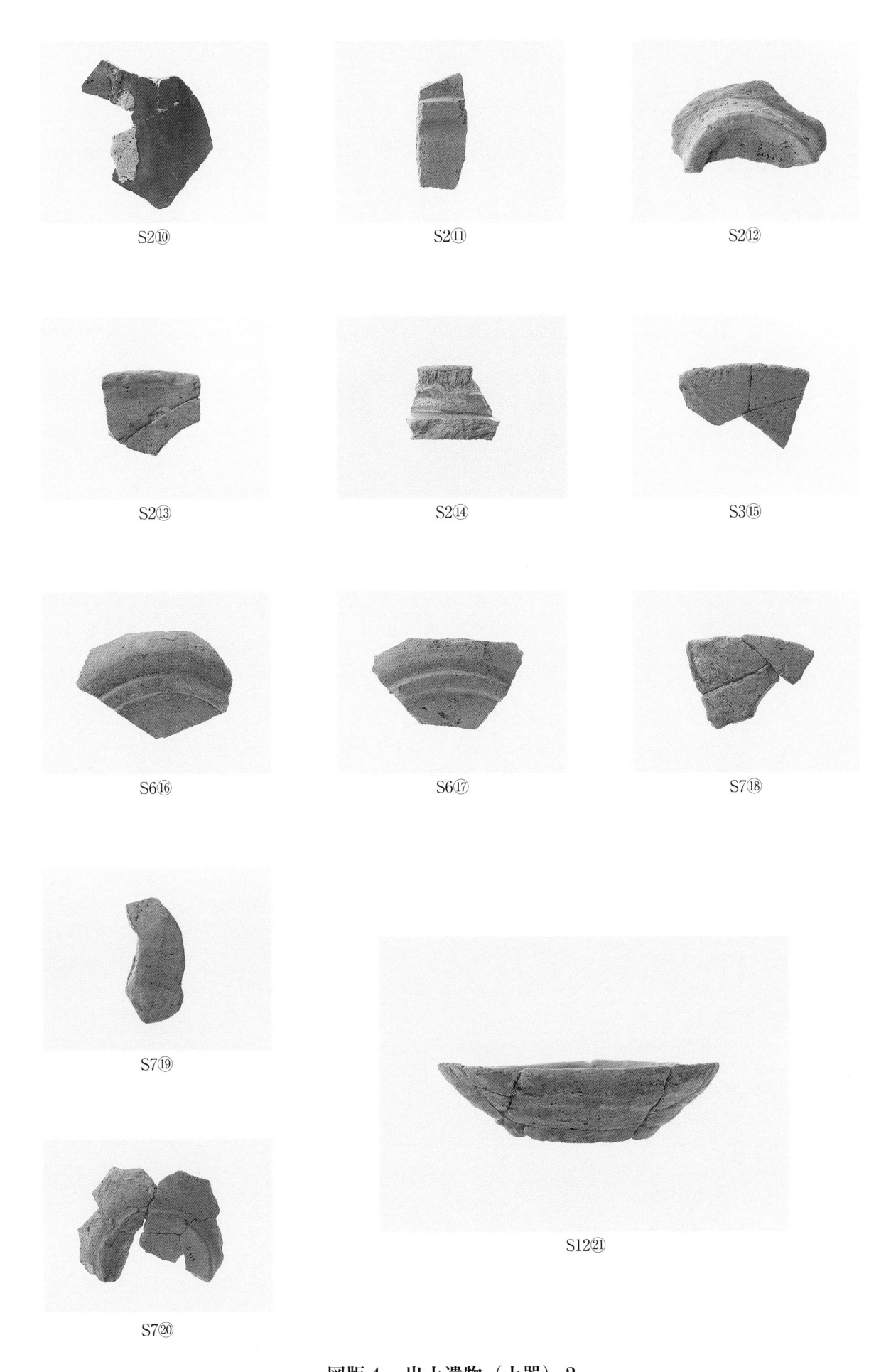

図版4　出土遺物（土器）2

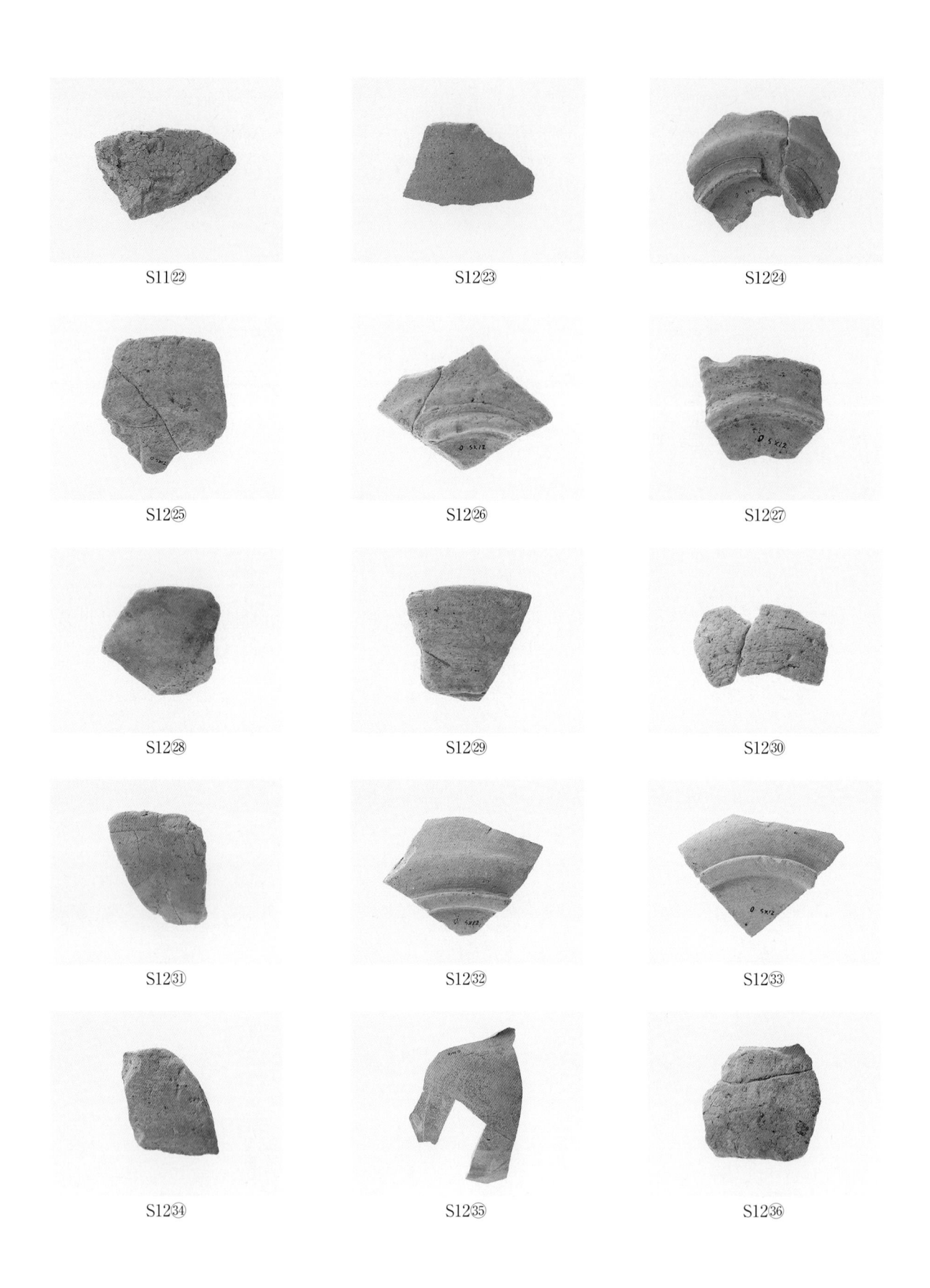

図版5　出土遺物（土器）3

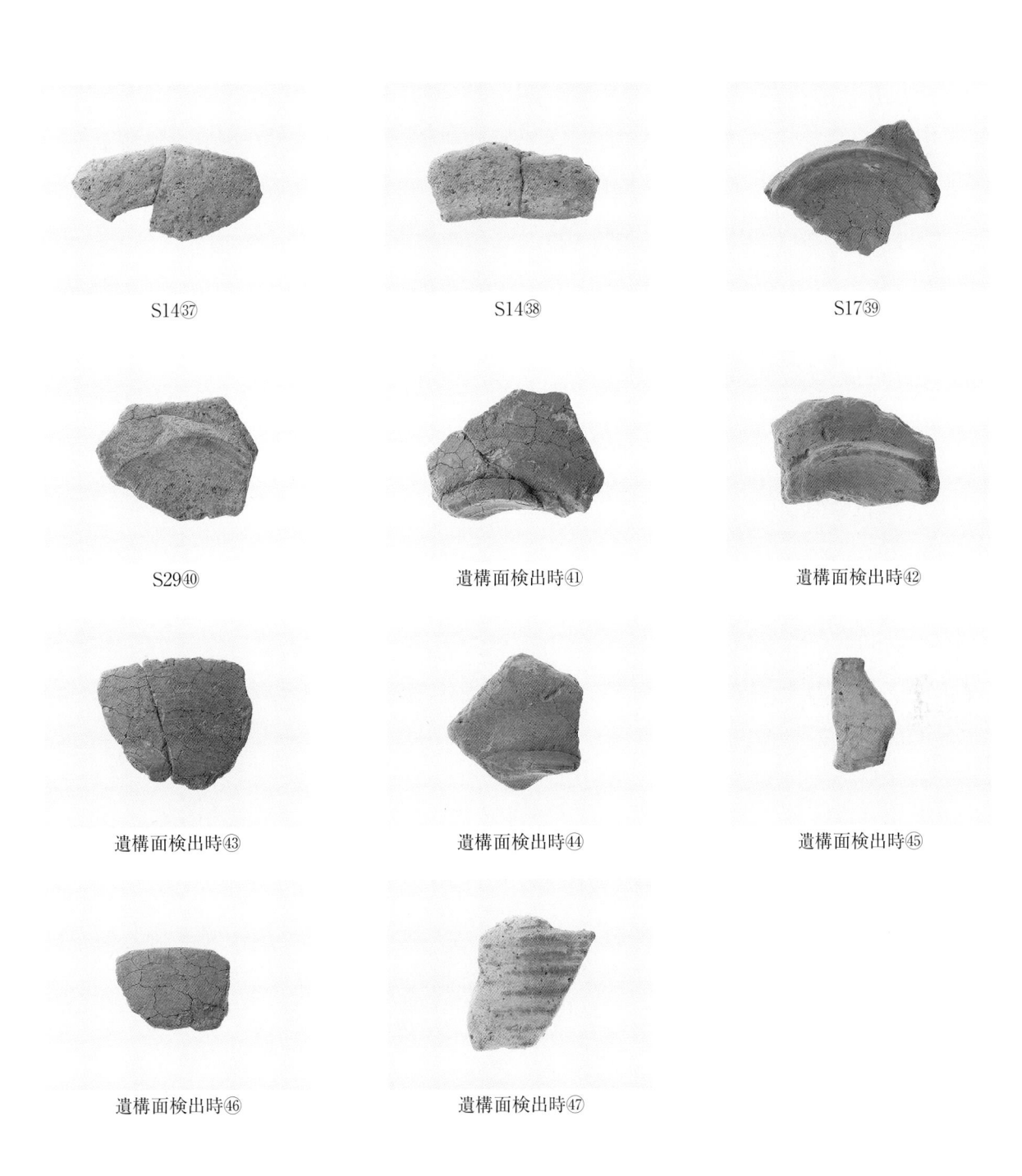

S14㊲　　　　　　　　S14㊳　　　　　　　　S17㊴

S29㊵　　　　　　　遺構面検出時㊶　　　　　遺構面検出時㊷

遺構面検出時㊸　　　　遺構面検出時㊹　　　　遺構面検出時㊺

遺構面検出時㊻　　　　遺構面検出時㊼

図版6　出土遺物（土器）4

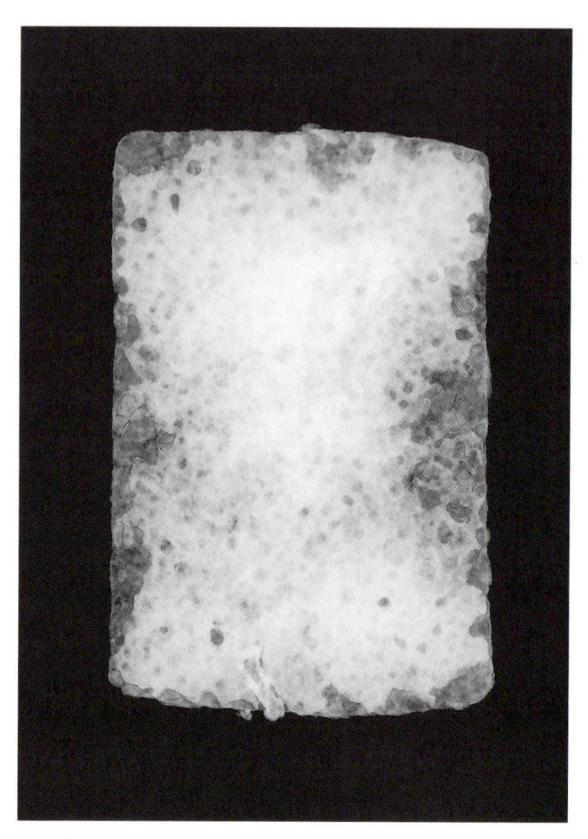

図版 7-1　S 1 出土鉄板　写真・X線ラジオグラフ

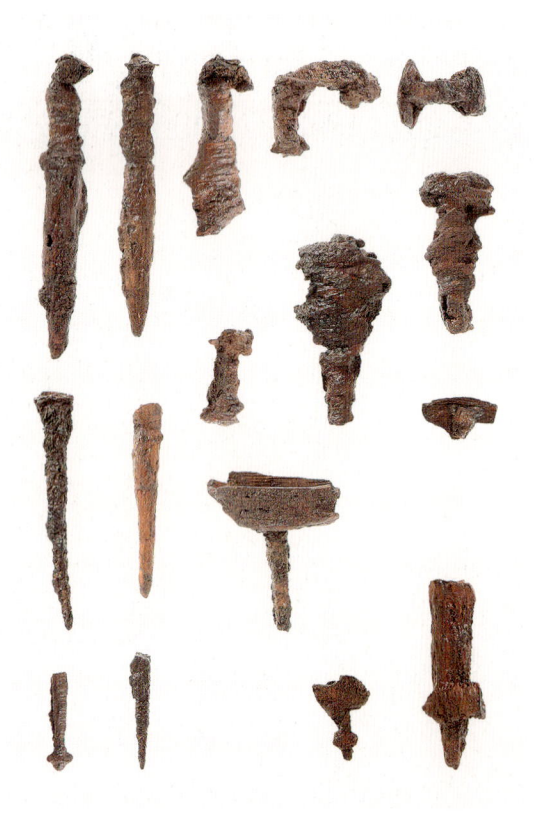

図版 7-2　S 1 出土鉄釘　写真・X線ラジオグラフ

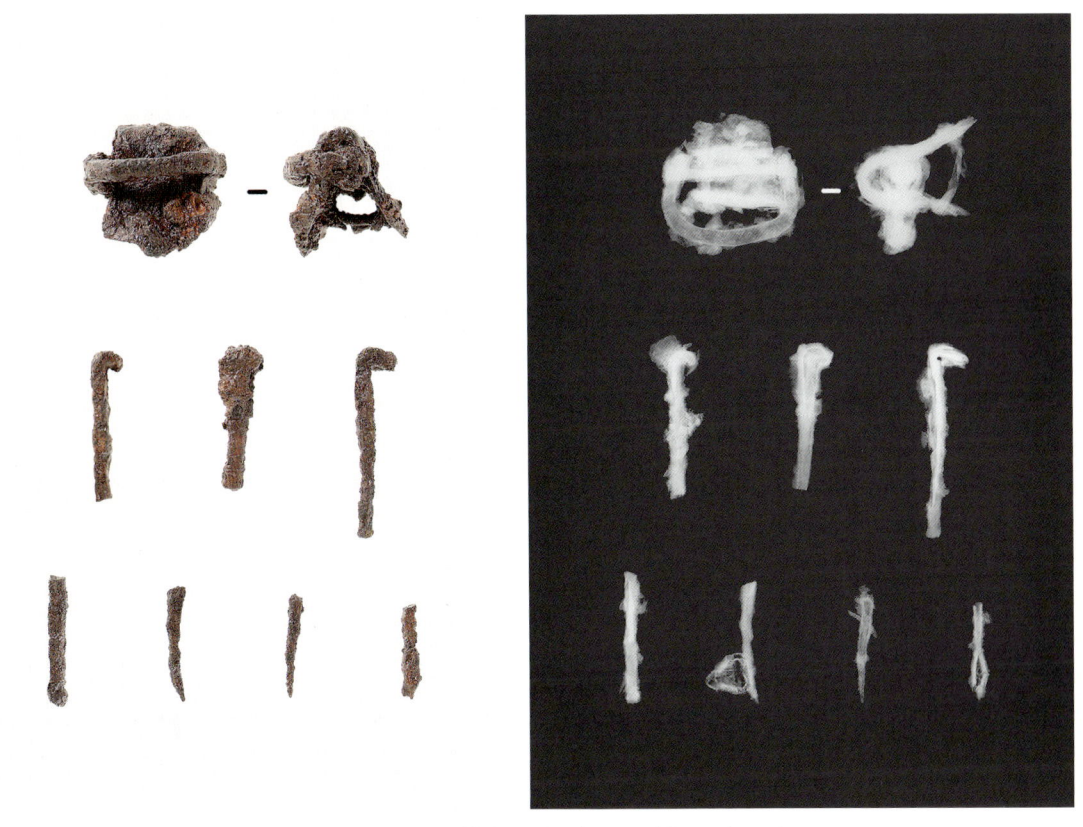

図版8-1　S2出土鉄釘　写真・X線ラジオグラフ

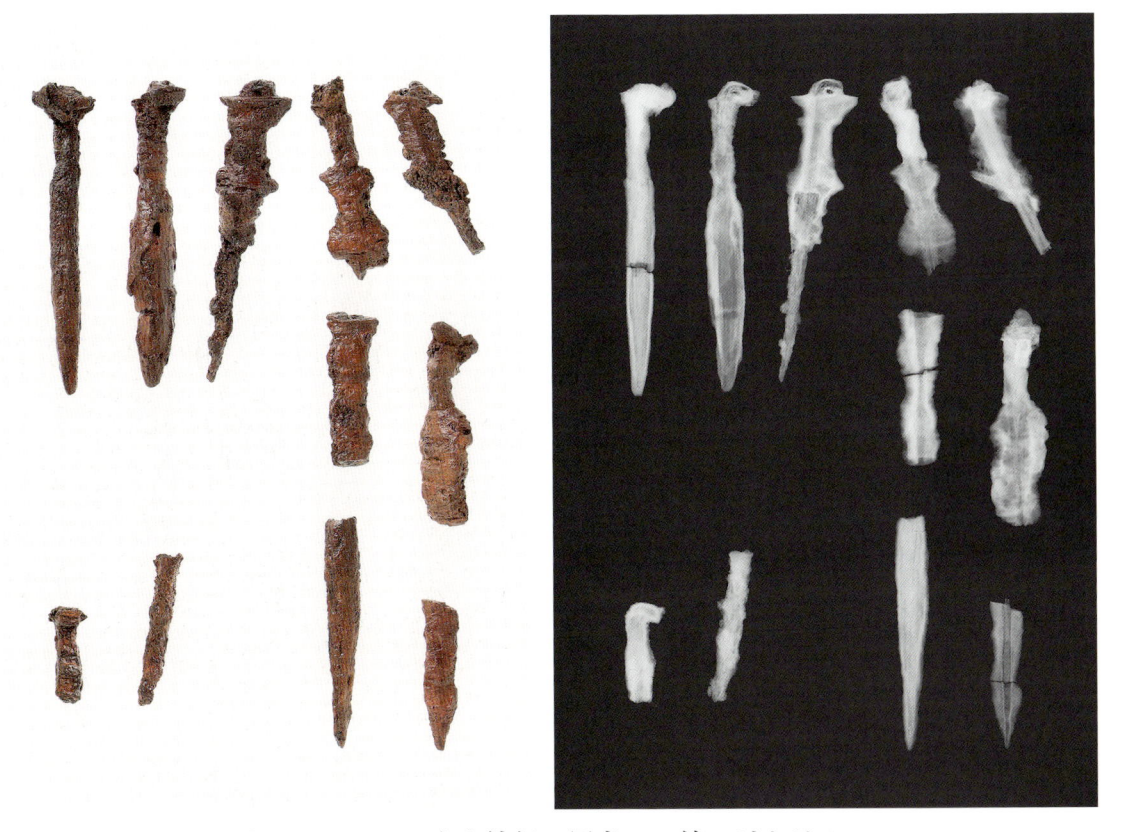

図版8-2　S3出土鉄釘　写真・X線ラジオグラフ

図版9-1　S6出土鉄板　写真・X線ラジオグラフ

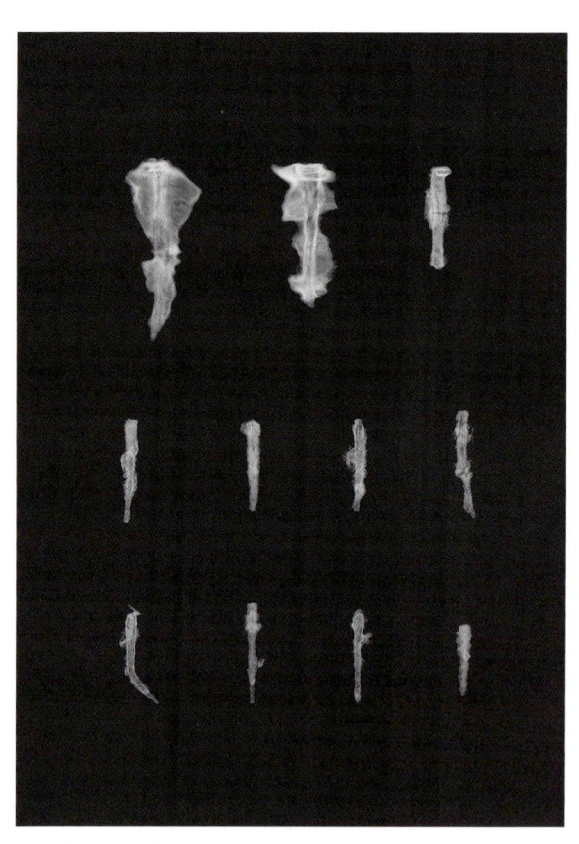

図版9-2　S6出土鉄釘　写真・X線ラジオグラフ

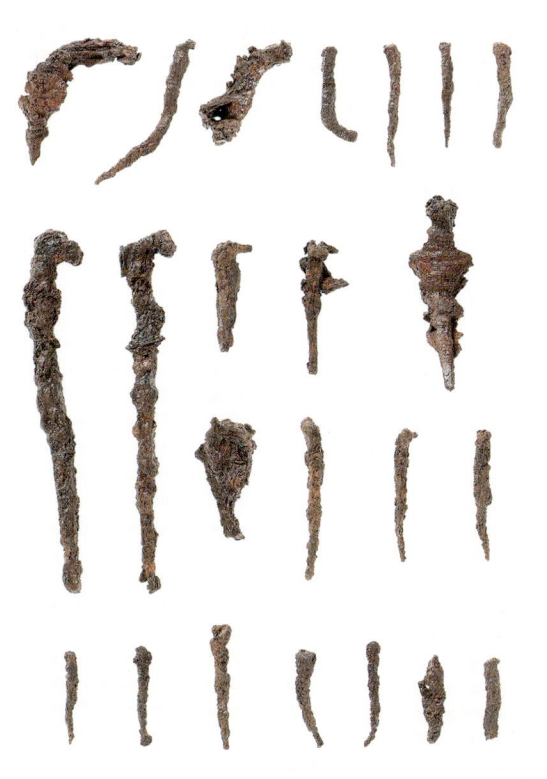

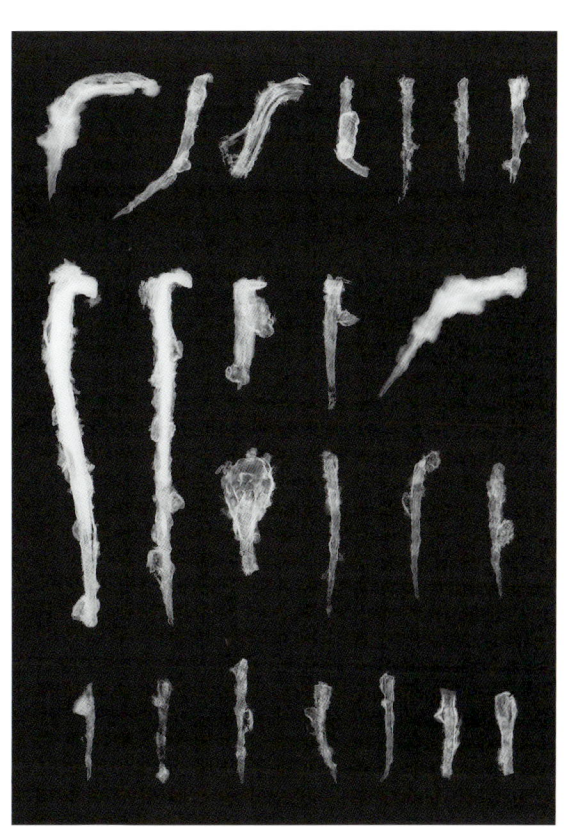

図版10-1　S 8出土鉄釘　写真・X線ラジオグラフ

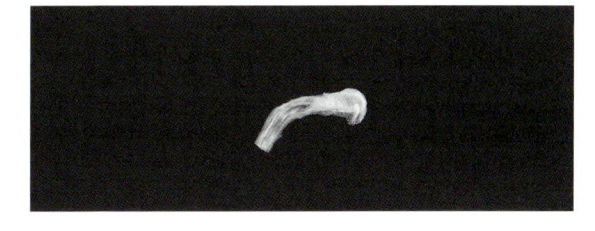

図版10-2　S 9出土鉄釘　写真・X線ラジオグラフ

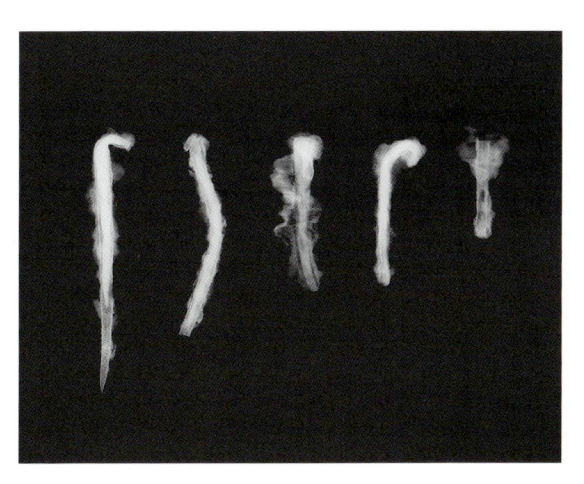

図版10-3　S17出土鉄釘　写真・X線ラジオグラフ

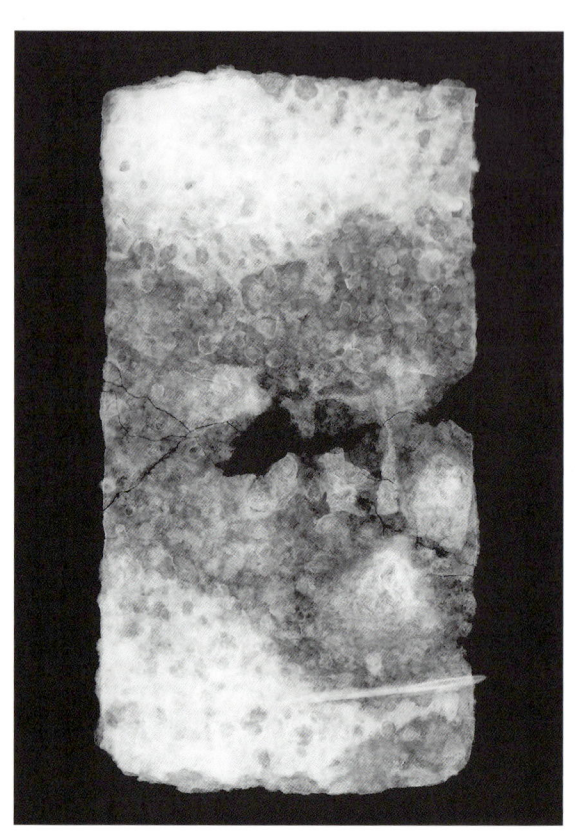

図版11-1　S39出土鉄板　写真・X線ラジオグラフ

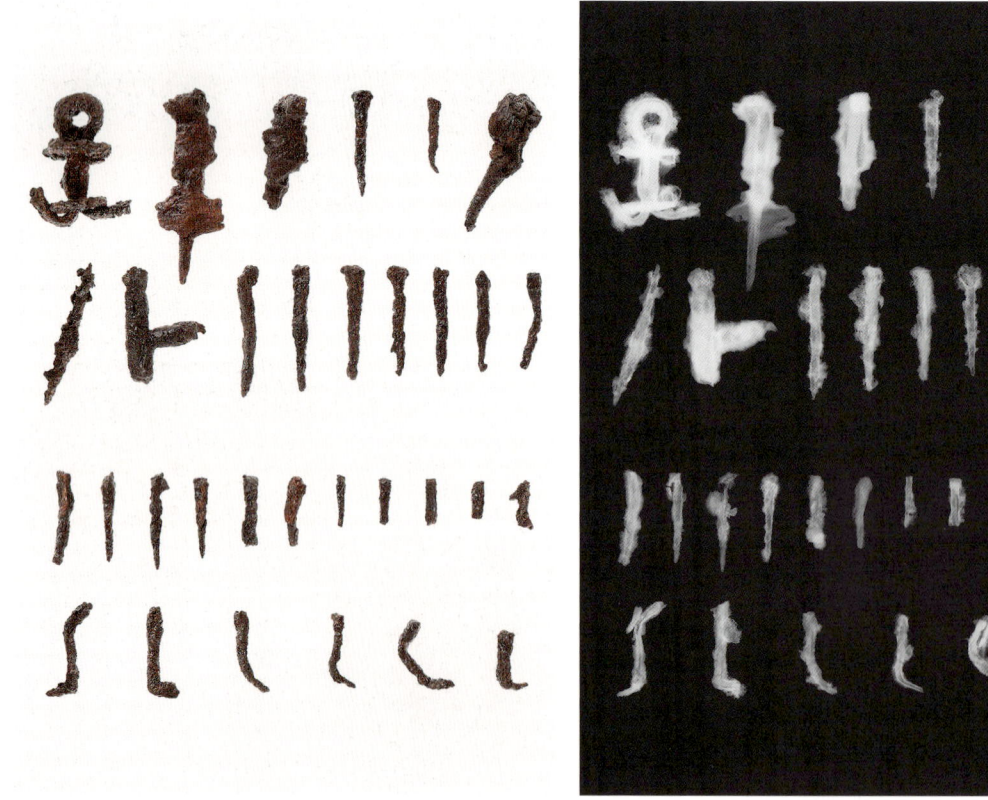

図版11-2　S39出土鉄釘　写真・X線ラジオグラフ

図版12-1　S43出土鉄板　写真・X線ラジオグラフ

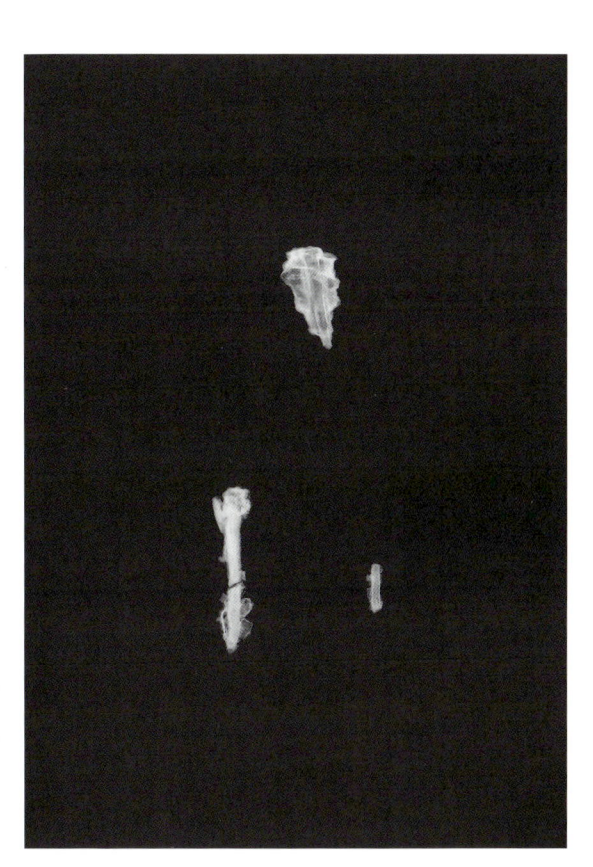

図版12-2　S43出土鉄釘　写真・X線ラジオグラフ

図版13- 1　出土位置不明倭鏡

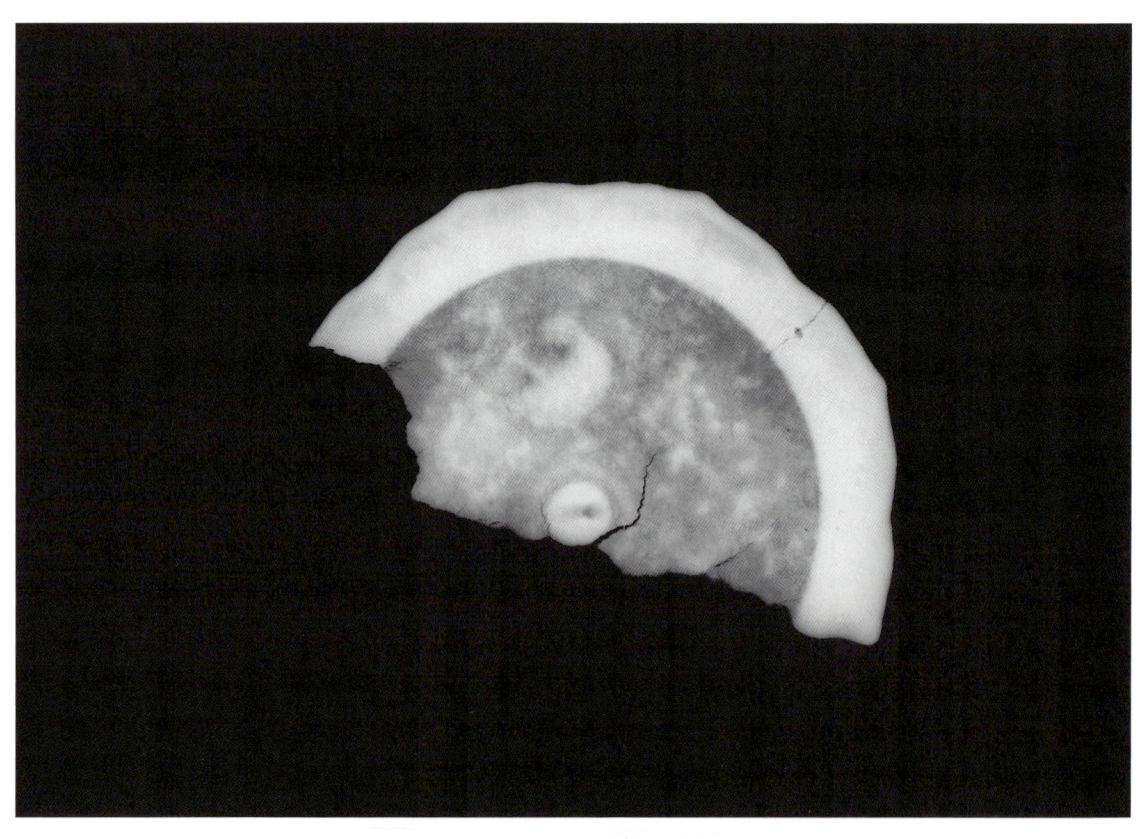

図版13- 2　同上　X線ラジオグラフ

報告書抄録

ふりがな	おおたにいせき
書名	大谷遺跡
副書名	
巻次	
シリーズ名	多賀町埋蔵文化財発掘調査報告書
シリーズ番号	21
編著者名	狭川真一　塚本敏夫　畑中英二　佐藤亜聖　音田直記
編集期間	多賀町教育委員会
所在地	〒522-0314　滋賀県犬上郡多賀町四手976-2
発行年月日	20140331

ふりがな 所収遺跡名	ふりがな 所在地	コード		世界測地系		調査期間	調査面積（㎡）	調査原因
		市町村	遺跡番号	北緯	東経			
おおたにいせき 大谷遺跡	しがけんいぬかみぐんたがちょうおおあざとみのお 滋賀県犬上郡多賀町大字富之尾 あざおおたにちさき 字大谷地先	25443	48	35度15分32秒	139度15分26秒	20130526〜20130614	372	道路建設工事に伴う事前調査

所収遺跡名	種別	主な時代	主な遺構	主な遺物	特記事項
大谷遺跡	墓跡	平安時代	土壙墓	土師器、須恵器、灰釉陶器、鉄釘、鉄板など	下記要約参照

要約	本調査は、道路工事建設中の不時発見による発掘調査で、遺跡名を小字名の大谷からとり大谷遺跡として調査を実施した。調査の結果、平安時代の墳墓群であることを確認た。確認できた遺構は一部で、工事関係者の話からかなり広域に及ぶ墳墓群であった可能性がある。墳墓群のうち4基からは各1枚の鉄板が出土した。奈良時代から平安時代の墳墓群が形成されていた地域と考えられる。

多賀町埋蔵文化財発掘調査報告書　第21集

大 谷 遺 跡

発行日　2015年9月5日

編　集　多賀町教育委員会

発行者　岩根　順子

発行所　サンライズ出版株式会社
　　　　〒522-0004　滋賀県彦根市鳥居本町655-1
　　　　電話 0749-22-0627　FAX 0749-23-7720

© 多賀町教育委員会 2015　Printed in Japan
ISBN978-4-88325-577-1